Hans Jürgen Groß

Bullying (Gewalt in der Schule) Begriff, Ausmass, Folgen

Hans Jürgen Groß

Bullying (Gewalt in der Schule) Begriff, Ausmass, Folgen

unter besonderer Berücksichtigung des Opfermerkmals "überbehütetes Kind"

Trainerverlag

Impressum / Imprint
Bibliografische Information der Deutschen Nationalbibliothek: Die Deutsche Nationalbibliothek verzeichnet diese Publikation in der Deutschen Nationalbibliografie; detaillierte bibliografische Daten sind im Internet über http://dnb.d-nb.de abrufbar.

Bibliographic information published by the Deutsche Nationalbibliothek: The Deutsche Nationalbibliothek lists this publication in the Deutsche Nationalbibliografie; detailed bibliographic data are available in the Internet at http://dnb.d-nb.de.

Coverbild / Cover image: www.ingimage.com

Verlag / Publisher:
Der Trainerverlag
ist ein Imprint der / is a trademark of
AV Akademikerverlag GmbH & Co. KG
Heinrich-Böcking-Str. 6-8, 66121 Saarbrücken, Deutschland / Germany
Email: info@verlag-trainer.de

Herstellung: siehe letzte Seite /
Printed at: see last page
ISBN: 978-3-8417-5044-0

für Ute, Klaus, Harry
und all die anderen

[7] Ich aber bin ein Wurm und kein Mensch,
ein Spott der Leute und verachtet vom Volk.
[8] Alle, die mich sehen, spotten über mich;
sie reißen den Mund auf und schütteln den Kopf (…)
[15] Ich bin ausgeschüttet wie Wasser, und alle
meine Gebeine sind ausgerenkt.
Mein Herz ist geworden wie Wachs,
zerschmolzen in meinem Innern.

Psalm 22

Inhalt :

Seite

Vorwort :

Die vorliegende Arbeit beschäftigt sich mit einem Thema das seit nunmehr mehr als 30 Jahren in den Fokus des öffentlichen Interesses gerückt ist; jedoch auch zuvor schon präsent war und das Leben zahlreicher Individuen maßgeblich prägte und beeinflusste.
Es geht um die offenen und versteckten Aggressionen und Schikanen die Schüler/innen durch andere Schüler/innen ausgesetzt sind.

Das Hauptaugenmerk der Arbeit ist der allgemeinen Diskussion der zuvor genannten Thematik gewidmet. Hierbei wird der Stand der gegenwärtigen wissenschaftlichen Forschung zusammenfassend wiedergegeben; Begrifflichkeiten und deren Abgrenzung geklärt. In einem Exkurs wird der Frage nachgegangen, inwieweit eine Überbehütung durch das Elternhaus die Viktimisierungswahrscheinlichkeit erhöht; und welche Folgen sich aus der doppelten Beeinflussung „Überbehütung" und „Schulgewalt" ergeben.

Die Auseinandersetzung mit dem Thema wurde zum Teil aufgrund autobiografischen Erlebens gewählt; da ich selbst Betroffener solcher Aggressionen und sozialen Ausgrenzung durch meine Mitschüler wurde.

In meiner Tätigkeit als psychologischer Berater, Coach und Mediator begegneten mir zahlreiche Menschen, unterschiedlichstem Alter, Herkunft und Schulbildung, dessen Leben ebenfalls mit diesem Thema eng verbunden ist. Deren Erleben –welches mir aus der gemeinsamen Arbeit bekannt ist- wird hier beispielhaft angeführt. Dabei wurden Namen, Alter und Kontext soweit verändert, dass ein Rückschluss auf die eigentlich Betroffenen nicht mehr möglich ist. Etwaige Ähnlichkeiten mit real lebenden Personen sind somit rein zufällig und nicht gewünscht.

Der vorliegende Text, will den Betroffenen Mut machen sich mit dem eigenen Erlebten auseinanderzusetzen, auch wenn der eigentliche Hergang bereits Jahrzehnte zurückliegt.

Ich bin es mir wert! – reden hilft!

1. Einleitung

Menschliche Aggression und Gewalt wird als körperliches oder verbales Handeln definiert, welches mit der Absicht ausgeführt wird zu verletzen oder zu zerstören. Gewalt ist Aggression in ihrer extremen, schädigenden und sozial nicht akzeptablen Form.[1]

Gewalt unter Schulkindern ist zweifellos ein sehr altes Phänomen. Betrachtet man die Werke der Literatur so stößt man immer wieder auf Beschreibungen in denen Kinder häufig und systematisch von anderen Kindern psychischer und physischer Gewalt ausgesetzt waren. Doch erst zu Beginn der 1970er Jahre wurden in Skandinavien erste wissenschaftliche Untersuchungen zu dieser Problematik durchgeführt.[2]

In den 1980er und 1990er Jahren zog das Thema Gewalt unter Schulkindern ein gewisses Interesse der Öffentlichkeit auf sich und wurde über Länder wie Japan, Großbritannien, Kanada, USA und Australien auch Forschungsgegenstand in Deutschland. Dennoch steckt die Erforschung dieser Thematik noch in den Kinderschuhen, insbesondere was die Langzeitbetrachtung und die Spätfolgen für Opfer und Täter betrifft. Dies wird auch an der Verwendung der Begriffe deutlich, die das Problem kennzeichnen sollen und von „Gewalt in der Schule“, über „Mobbing“ bis zu „Bullying“ reichen. Auch wenn mit diesen Begriffen das gleiche Phänomen beschrieben werden soll, erscheint es notwendig eine klare Trennung vorzunehmen. Dies wird in dem kommenden Kapitel geschehen.

Das Angriffsverhalten von Täterinnen und Tätern unterteilt man in physische, psychische und nonverbale Attacken sowie direkte und indirekte Angriffe.

---

[1] siehe Zimbardo, Philip G., Psycholgie, 6. Auflage, Berlin, Heidelberg 1995 S. 425

[2] siehe Olweus, Dan, Gewalt in der Schule, 2. Auflage Bern, Göttingen, Toronto, Seattle.

Die meisten Daten der Forschung, die überwiegend aus skandinavischen Ländern stammen, sehen heute einen Viktimisierungsgrad von ca. 10%-20%. Das heißt, dass mindestens jedes 10 Kind einer Schulklasse direkt oder indirekt über einen längeren Zeitraum Opfer von physischer oder psychischer Gewalt wird.

Neuere Studien belegen, dass im Hinblick auf Cyper-Mobbing, bzw. Cyper-Bullying mehr als ein Fünftel der Schüler persönliche Erfahrungen besitzen.[3] Von Cyper-Bullying, einem Phänomen der letzten Jahre, spricht man, wenn im Internet, hier insbesondere in den sozialen Netzwerken und Communities, der Betroffene durch demütigende Veröffentlichungen, verletzenden Bilder und Filme fortgesetzt verleumdet, bedroht und belästigt wird.

Alle Gewalthandlungen stellen eine extreme Form sozialer Stressoren dar. Mit zunehmender Viktimisierung erhöht sich das Stresserleben was zu schwerwiegenden und nachhaltigen Beeinträchtigungen bei den Betroffenen führen kann.

Untersuchungen belegten, dass die Tendenz zur Überbehütung durch das Elternhaus sowohl Ursache wie auch Folge von Gewalttätigkeit sein kann.[4] Überbehütung selbst wird als eine Form psychischer Gewalt am Kind verstanden.[5] Riemann spricht in seinem Buch „Grundformen der Angst" von einer Form der weichen Vergewaltigung. [6]
Untersuchungen über die Langzeitfolgen und Beeinträchtigungen von „Viktimisierung" (Opfer von Gewalt) <u>und</u> „Überbehütung" gibt es derzeit nicht.

---

[3] siehe Pressemitteilung der Universität Hohenheim zur Studie: „Cyper-Mobbing an Schulen", vom 10.04.2011
[4] siehe ebenda, Seite 43
[5] siehe Bundesministerium für soziale Sicherheit und Generationen, Psychische Gewalt am Kind, 2000
[6] siehe Rieman, Fritz, Grundformen der Angst, München 1998, Seite 71

Die vorliegende Arbeit möchte das Verständnis und die Aufmerksamkeit für diese unterschiedlichen Formen von Gewalt hervorheben, die auf so schicksalhafte Art miteinander verbunden sein können.

2. Die negative Seite der Gewalt

2.1. Gewalt und Aggression; Mobbing und Bullying - Definition und Abgrenzung

Die Begriffe Gewalt und Aggression sowie deren Ausprägungsformen Mobbing und Bullying werden in der Diskussion häufig gleichgestellt betrachtet und verwendet.

Die große Anzahl von Definitionen und Erklärungsversuchen, die man in der Literatur finden kann, zeigt zum einen sehr deutlich, dass diese schwer definierbar sind und zum anderen auch, dass sie nicht eindeutig von einander zu trennen sind. Vielmehr sind die Begriffe miteinander verknüpft.

Gewalt mit all ihren Unterformen wird als soziale Abweichung angesehen, mit dem Ziel, physisch und psychisch auf Personen einzuwirken, wobei davon ausgegangen wird, das diese Handlungen stets gegen das Streben, das Wohlwollen und die Tendenz dieser Person gerichtet sind. Gewalt wird von jeder Person, unterschiedlich, das heißt subjektiv empfunden, aufgefasst und erlebt. Gewalt ist der Sammelbegriff für alle Handlungen die im Ergebnis gegen den Willen und die Wohlfahrt einer anderen Person bewusst oder unbewusst gerichtet sind. Aggression, Mobbing und auch Bullying sind damit Unterformen des übergeordneten Begriffs Gewalt. Häufig kommt es jedoch vor, dass Gewalt und Aggression –auch in der Fachliteratur- synonym verwandt werden. Aus diesem Grund soll sich im Folgenden mit diesen Begriffen etwas ausführlicher beschäftigt werden.

2.1.1 Der Aggressionsbegriff

Der Begriff Aggression leitet sich von dem lateinischen Wort aggredior - aggredi ab und heißt ursprünglich herangehen (im Sinne von Annäherung), angreifen (im Sinne von berühren). Erst in jüngerer Zeit wird Aggression als Angriffsverhalten benannt.[7] Nach dieser rein wortetymologischen Definition ist es durchaus zulässig, sowohl von einer positiven –prosozialen, als auch von einer negativen –antisozialen Aggression zu sprechen. Grundsätzlich geht man davon aus, dass Aggression ein Verhalten bezeichnet, das Schädigungen hervorruft, oder anders ausgedrückt, Aggression ist ein Verhalten, dessen Ziel in einer Beschädigung oder Verletzung liegt.[8] Diese Definition ist sehr weit gegriffen und beschreibt Aggression nur unzureichend. Eine enger angelegte Definition schließt alle Handlungen einer Person mit ein, die diese gegen ein anderes Lebewesen oder dessen Besitztümer (z.B. Zerstörung von Schulbüchern und dergleichen) richtet, mit dem Ziel, dies(e) (vorsätzlich) zu schädigen.[9]

Man muss aber nicht unbedingt nur dann von Aggression sprechen, wenn etwas sichtbar zu Schaden kommt. Auch Handlungen, die eine Person in Angstzustand versetzt, aber nicht zu körperlichen Schäden führen, können als Aggression verstanden werden. Ein wichtiger Bestandteil der Aggression ist immer die Intention, mit der Handlungen gegen eine andere Person ausgeübt werden. Aggression muss als ein Verhalten des Menschen verstanden werden, dessen Ziel es ist, einen anderen Menschen physisch und psychisch zu verletzen, Besitztümer zu beschädigen oder zu zerstören.

Eine absichtliche Schädigung kann zum Beispiel auch darin bestehen jemand zu hindern sich frei zu bewegen. Nach dieser Begriffsbestimmung

---

[7] siehe Pfeifer, Tobias, Gewaltverständnis und gewalttätiges Handeln Jugendlicher und die Auswirkungen auf die Hauptschule, Hausarbeit, Heidelberg 1999 Seite 5

[8] siehe ebenda, Seite 6

[9] siehe ebenda, Seite 7

fände ein großer Teil aggressiven Verhaltens in Gefängnissen statt; da dort Menschen aktiv gehindert werden sich frei zu bewegen und eine hierauf beruhende psychische Verletzung in Kauf genommen wird, wenn nicht sogar gewollt erscheint. Die Begriffserklärung muss insoweit erweitert werden, dass sie solche, sozial, reglementierende Handlungen nicht umfasst. Tatsächlich entspricht dies auch unserem Alltagsverständnis von Aggression.

Aggressives Verhalten muss immer als ein gerichtetes Verhalten angesehen werden. Aggression ist durch sozialen Kontext bedingt und wird durch ihn aufrechterhalten.

Die Ursachen der Aggression sind unterschiedlicher Natur. Grundsätzlich kann gesagt werden, dass Aggression durch Frustration, den inneren Trieb des Menschen und spontane emotionale Erregung erklärt werden kann. Diese differenzierte Erklärung für das Entstehen von Aggressionen zeigt, wie vielfältig das Gebiet Aggression ist.

Solche Ursachen oder Auslöser von Aggressionen finden sich auch dann, wenn die Person mit der eigenen Situation nicht zurecht kommt, d.h. wenn eine Identitätsstörung vorliegt, wenn sich die Person gerade im Jugendalter mit Entwicklungsniveau und Persönlichkeitsstand im Unklaren ist.

Ute ist 12 Jahre alt. Sie besucht die 6 Klasse einer Gesamtschule. In der Vergangenheit galt sie als mittelmäßige, unauffällige Schülerin. In dem letzten halben Schuljahr fiel die schulische Leistung von Ute merklich ab. Sie verschlechterte sich in allen Fächern um mindestens eine Note. Im Unterricht fällt Ute seit neustem dadurch auf, dass sie mit dem Schulatlas anderen Kindern auf dem Kopf schlägt. Auch soll sie Lineal und Stifte ihrer Mitschüler zerbrochen haben. Einen Grund für ihr Verhalten kann Ute nicht benennen. Wenn sie von den Lehrern auf ihr Verhalten angesprochen wird reagiert sie trotzig und beginnt zu weinen.

Spricht man von den Arten der Aggression, muss man von vier Grundtypen ausgehen.

Grundtypen der Aggression [10]

Grundtyp der Aggression	**Ausdrucksformen**
Instinktive Aggression bei Tieren	Rivalenkämpfe, Revierverteidigung
Ärger-Aggression	Wut, Zorn, reaktive A. (Unmutsäußerungen etc.)
Instrumentelle Aggression	Aggression als Mittel zum Erreichen außeraggressiver Ziele
Aggression als Selbstzweck	Streitsuchen, Sadismus

Aggression kann sich auf verschiedene Arten ausdrücken. Äußerlich drückt sie sich als eine offene oder verdeckte, als direkte oder indirekte Handlung aus. Darüber hinaus muss Aggression nicht unbedingt immer nur von einer Einzelperson ausgehen, sondern kann auch aus einer Gruppe heraus motiviert sein. In manchen Fällen muss Aggression jedoch nicht nur gegen andere Personen gerichtet sein. In diesen Fällen in denen sich aggressives Verhalten gegen die eigene Person richtet spricht man von der sogenannten "Autoaggression", im Gegensatz zur "Fremdaggression".

Zusammenfassend kann festgehalten werden, dass man unter Aggression jene Verhaltensweisen versteht, die in der Absicht ausgeführt werden ein Individuum direkt oder indirekt zu schädigen oder zu verletzten und gegen soziale Normen verstoßen.

[10] ebenda Seite 8

2.1.2 Der Gewaltbegriff

Bei dem Begriff "Gewalt" kann man von zwei verschiedenen lateinischen Begriffen ausgehen. Dabei erhält das Wort Gewalt unterschiedliche Bedeutungen. Zunächst einmal kann Gewalt in der Bedeutung "Macht" verwendet werden, wenn man von dem lateinischen Begriff `potentia´ ausgeht. Gewalt ist hier in etwa mit Herrschaft, sich durchsetzen gleichzusetzen, wobei sie in ihren Auswirkungen sowohl positiv wie auch negativ gewertet werden kann. (z.B. Naturgewalt, Staatsgewalt, machtvolles Auftreten und Einbringen in einen Prozess).

Der zweite Bedeutungsbegriff wird von den lateinischen Wörtern `vis´ (physische Kraft, Stärke) und `violentia´ ausgedrückt. Der Begriff `violentia´ beschreibt Gewaltanwendung in der allgemeinen Anwendung physischer Kraft auf ein anderes Lebewesen oder dessen Habe gegen dessen Willen. [11]

Auch in der englischen Sprache kennen wir diese Unterscheidung zwischen „power" und „violence" die eine Unterscheidung zwischen dem eher positiv gewerteten von dem eher destruktiv gewerteten Gewaltbegriff ermöglicht.

Eine solche Unterscheidung gibt es in der deutschen Sprache nicht. Der deutsche Begriff Gewalt kommt von „waltan" aus dem auch das Wort „walten" entstanden ist. Er steht in seiner Bedeutung für stark sein, vermögen, besitzen, regieren oder herrschen.[12] Das wir im Deutschen nur ein Wort für Gewalt haben, führt dazu, dass Power und Stärke uns oft suspekt sind. Dabei kennen wir durchaus auch die positive Besetzung des Begriffs. Wenn wir uns z.B. „selbst in der Gewalt haben" dann kann das für andere gut sein. Wer Gewalt über sich hat, der gefährdet seine Mitmenschen nicht. Ein Autofahrer z.B. der die Gewalt über seinen Wagen verliert, ist für Andere ein Risiko. Im besten Sinne kann man positiv von Gewalt reden, wenn jemand mit

[11] siehe ebenda

[12] siehe Kruse, Jens-Peter und Rosowski, Martin, Gewalt hat viele Gesichter, Kassel 2001 Seite 5

seiner Kraft so umgeht, dass sie Leben ermöglicht und Menschen Freiräume zur Entfaltung eröffnet.

In der allgemeinen Literatur wird in Zusammenhang mit dem Begriff Gewalt eher von der schädigenden, zerstörenden Wirkung ausgegangen.

Gewalt ist eine Handlung, die von außen kommt und eine direkte Einwirkung auf Lebewesen, Personen oder deren Eigentum hat. Nur von physischer Gewaltanwendung auszugehen, wäre gewiss unzureichend. Vielmehr muss der Ausgangspunkt von Gewalt nicht immer nur eine physische Handlung sein. Oft kann man auch von psychischer Gewalt –wie wir später noch sehen werden- sprechen, wenn es zum Beispiel um Beleidigungen, Drohungen, Verachtung etc. geht.

Das Gewaltverständnis ist subjektiv und davon abhängig, in welcher Funktion / Rolle die handelnden Personen zueinander stehen, in welchen sozialen und kulturellen Kontext sie eingebunden sind.

2.1.3 Unterschiedliche Bedeutungsfelder von Aggression und Gewalt

Es kommt sehr häufig vor, dass Aggression und Gewalt im alltäglichen Sprachgebrauch gleichbedeutend gebraucht werden. Die Definitionstheorien zu beiden Begriffen haben gezeigt, dass sich zwischen Aggression und Gewalt –wie sie hier verstanden werden soll- keine eindeutige Linie ziehen lässt. Und dennoch kann man Unterschiede zwischen beiden Begriffen herausarbeiten. Aus der Arbeit mit gewalttätigen Männern ist bekannt, dass der synonyme Gebrauch von Aggression und Gewalt problematisch ist. Die Erfahrung zeigt, dass die meisten gewalttätigen Männer keine aggressiven Typen sind. Im Gegenteil, oft sind diese aggressionsgehemmt. Sie leiden darunter, dass sie Wut und Ärger nicht äußern können. Es fällt ihnen schwer, sich abzugrenzen, sich durchzusetzen und sich zu behaupten.[13]

Versteht man Gewalt in seinem eigentlichen Sinn als machtvolles, herrschendes Verhalten, so wird erkennbar, dass der Begriff Gewalt weit über den Aggressionsbegriff hinausgeht. Während das Ziel der Aggression bewusst eine Schädigung voraussetzt beschreibt der weitergehende Begriff Gewalt alle Handlungen die in ihrer Funktion primär eine machtvolle, herrschende, erzieherische, leitende Zielsetzung haben bei der ein Schaden für einen Anderen jedoch nicht unbedingt im Fordergrund steht, sondern eher bewusst oder unbewusst in Kauf genommen wird; dies schließt aggressive Handlungen mit ein.

Klaus und Detlev besuchen die 11 Klasse einer Fachoberschule und sind beide 17 Jahre alt.. Klaus ist vor knapp fünf Jahren mit seiner Familie aus Oberbayern zugezogen. Seine Sprache ist durch den Dialekt seiner Herkunftsregion geprägt. In der Realschule wurde er wegen seines Dialektes verspottet und von seinen Mitschülern drangsaliert. Der Spitzname „Seppl" begleitet ihn nun seit seiner Einschulung in die sechste Klasse. Erst der

[13] siehe ebenda Seite 5

Wechsel zur Fachoberschule in einer anderen Stadt brachte Klaus etwas Erleichterung. In seiner Heimatgemeinde ist er jedoch nach wie vor nur als „Seppl“ bekannt, und wird auch so an den Nachmittagen und in den Ferien angesprochen. Detlev der von all dem nichts weiß, bemerkt die andere Sprachweise seines Mitschülers. Da er ihm helfen möchte, verbessert er ihn ständig, damit Klaus die richtige Aussprache lernt. Klaus fühlt sich unter Druck gesetzt und erlebt das Verhalten Detlevs als persönlichen Angriff, so wie er es aus seiner alten Klasse her kannte.

Galtung fasst dies so zusammen: „Wo immer Menschen an der Befriedigung ihrer historisch möglichen Grundbedürfnisse gehindert werden, da wohnt kein Friede, da herrscht Gewalt.“[14]

2.2.1 Der „Mobbing“ Begriff

Der Begriff stammt aus dem lateinischen „mobile vulgus" und bedeutet „aufgewiegelte Volksmenge" oder „Pöbel".[15] Im Englischen spricht man von „mob", wenn eine für gewöhnlich große und anonyme Gruppe von Menschen jemanden belästigt.[16] Häufig wird der Begriff auch verwendet, wenn der Aggressor eine einzelne Person ist. Neuberger (1999) schreibt: „Ein Mob ist eine spontane, zu Schandtaten bereite Zusammenrottung"[17]. An deutschen Übersetzungen findet man in der Literatur u. a. folgende Begriffe: bedrängen, anpöbeln, attackieren, über jemanden herfallen, Psychoterror,

[14] Galtung, Johann, zitiert nach Kruse Jens-Peter u.a., a.a.O. Seite 6
[15] siehe Meyers Großes Taschenlexikon, 1987, S. 316
[16] siehe Olweus, Dan, a.a.O. Seite 22 f
[17] Neuberger, Oswald, Mobbing: Übel mitspielen in Organisationen, 1999, Seite 2

Quälorgien, Bösartigkeiten, organisierte Gemeinheiten, Rufmord, Demütigungen, Diffamierungen, Schikanen, Intrigen, Erpressungen.

Der Begriff „Mobbing" wurde von Konrad Lorenz 1958 erstmals verwendet, um das Angriffsverhalten einer Gruppe von Tieren einem einzelnen Tier gegenüber zu beschreiben. In den 60er-Jahren übernahm der schwedische Mediziner Heinemann den Begriff, um das von ihm beobachtete ähnliche Verhalten bei Kindern zu beschreiben.[18] Die erste Arbeit zu Mobbing im Arbeitsverhältnis entstand 1976 durch Brodsky, welche gerichtliche Klagen von Arbeiter und Arbeiterinnen, die aufgrund schlechter Behandlung durch ihren Arbeitgeber oder durch Kollegen krank und arbeitsunfähig wurden, zum Anlass nahm (Neuberger, 1999, S. 3).[19] Im deutschsprachigen Raum hat der Arbeitspsychologe und Betriebswirt Leymann den Begriff bekannt gemacht. Leymann hat den Begriff „Mobbing" einer Definition zugeführt, welche sich weitgehend durchgesetzt hat.

„Der Begriff Mobbing beschreibt negative kommunikative Handlungen, die gegen eine Person gerichtet sind (von einer oder mehreren anderen) und die sehr oft oder über einen längeren Zeitraum hinaus vorkommen und damit die Beziehung zwischen Täter und Opfer kennzeichnen."[20]

Leymann legt fest, dass Mobbing-Handlungen mindestens einmal pro Woche und mindestens ein halbes Jahr hindurch gesetzt werden müssen. „Negative kommunikative Handlungen" sind dann gegeben, wenn eine negative Absicht vorhanden ist oder wenn vom Betroffenen eine negative Intention wahrgenommen wird. Ausgeschlossen werden dadurch jene Verhaltensweisen, die durch gut gemeinte Bevormundung entstehen. Mobbing-Handlungen können somit auch außerhalb von Mobbing passieren. Die Kriterien sind eine negative Intention, die Wiederholung und die Dauer. Der

[18] siehe Gruber, Elke, Bullying als sozialer Stressor, Seminarbeit, 2001 Seite 4
[19] siehe ebenda Seite 4
[20] Leymann, H., zitiert nach Gruber, Elke, a.a.O. Seite 4

Zeitfaktor muss in Betracht gezogen werden, da es sich um einen Prozess handelt.[21]

Mobbinghandlungen werden subjektiv erlebt und empfunden. Voraussetzung für Mobbing ist, dass die Handlungen vom Betroffenen negativ bewertet werden, dass sie negative Folgen haben und auch von Dritten, in Bezug auf das jeweilige Wertesystem, als übel betrachtet werden. Die Handlungen werden als verletzend, kränkend, schädigend oder schikanös empfunden. Charakteristisch ist jedoch, dass das Opfer nicht passiv ist, sondern vielmehr in einer dynamischen Interaktion mit Attacke und Gegenwehr involviert ist und Sieger und Verlierer erst im Nachhinein oder an einem vorläufigen, fiktiven Ende feststellbar sind.

In der Literatur werden zahlreiche weitere Definitionen für Mobbing angeführt, die zusammenfassend folgende Gemeinsamkeiten haben: eine konfliktbelastete Kommunikation ist gegeben, es finden Angriffe statt (von einer oder mehreren Personen) gegen zumindest eine Person, über einen längerer Zeitraum (meist ein halbes Jahr) und es muss ein Leidensdruck des Opfers vorhanden sein.

Leymann unterteilt Mobbing-Handlungen wie folgt: [22]

1. Angriffe auf die Möglichkeiten, sich mitzuteilen
2. Angriffe auf die sozialen Beziehungen
3. Angriffe auf das soziale Ansehen
4. Angriffe auf die Qualität der Berufs- und Lebenssituation
5. Angriffe auf die Gesundheit

[21] siehe Leymann, H., a.a.O. Seite 4
[22] Leymann, H., a.a.O. Seite 5

2.2.2 Der „Bullying“ - Begriff

Etymologisch lässt sich der Begriff „Bullying" aus dem Englischen „bully" ableiten, was übersetzt „brutaler Kerl" oder „Tyrann" bedeutet. [23] Bullying wird in der Literatur häufig mit tyrannisieren, schikanieren, einschüchtern, pisacken, drangsalieren, quälen oder negative Aktion übersetzt und bezeichnet das Phänomen des sozialen Ausschlusses und des Terrors zwischen Schulkindern. Bullying bezeichnet eine Form von aggressiven Verhalten im Sozialfeld Schule. Der Beginn der Bullying-Forschung liegt in den 70er-Jahren und wurde durch Dan Olweus in Norwegen und Schweden eingeleitet. Bis dahin gab es nur methodisch unzureichende, vereinzelte Daten. Ab Anfang der 90er-Jahre wurde das Thema im internationalen Umfeld untersucht (u. a. in den USA, Großbritannien, Australien und Japan). Die meisten Daten der letzten Jahrzehnte, insbesondere aus den 80er-Jahren kommen jedoch aus den skandinavischen Ländern.

Das Phänomen des Bullying wurde im Laufe der Zeit durch zahlreiche Definitionen unterschiedlicher Forschergruppen beschrieben, wobei sich die im Folgenden angegebene, ursprüngliche Definition weitgehend durchgesetzt hat und sich daher die meisten Untersuchungen zum Thema darauf beziehen. Olweus definiert den Begriff wie folgt: „Ein Schüler oder eine Schülerin ist Gewalt ausgesetzt (...) wenn er oder sie wiederholt und über eine längere Zeit den negativen Handlungen eines oder mehrerer Schüler oder Schülerinnen ausgesetzt ist.“[24] Unter „negativen Handlungen" versteht man absichtliches Zufügen oder den Versuch des absichtlichen Zufügens von Schaden, Verletzung oder Unbehagen, was im Wesentlichen der Bedeutung aggressiven Verhaltens entspricht. Zu betonen ist darüber hinaus die Forderung wiederholten Auftretens über einen längeren Zeitraum, wodurch nicht ernsthafte, unsystematisch auftretende Attacken, die einmal gegen eine und ein an-

[23] siehe Gruber, Elke, a.a.O. Seite 1
[24] Olweus, Dan, a.a.O. Seite 22

deres mal gegen eine andere Person gerichtet sind, ausgeschlossen werden. Darunter fallen z. B. Rangeleien und auch Aggression in einem breiteren Sinn. Darüber hinaus betont Olweus, dass der Angreifer („bully") wie auch das Opfer („target" oder „victim") ein Einzelner oder eine Gruppe sein kann. In der Schule ist das Opfer meist ein einzelner Schüler, welcher häufig von einer Gruppe mit zwei bis drei Mitschülern belästigt wird.[25] Zusätzlich besteht die explizite Forderung nach einem Ungleichgewicht an Stärke zwischen Täter und Opfer, welches auf physischer oder auf psychologischer Ebene manifest sein kann.[26]

Eine andere, zusammenfassende Umschreibung von Bullying ist folgende:

„ Bullying ist ein Untertyp aggressiven Verhaltens,

- beabsichtigt die Verletzung des Rezipienten,
- die Verletzung kann auf physischer oder psychischer Ebene zugefügt werden,
- sie ist unprovoziert
- passiert wiederholt und
- der Angreifer ist stärker als das Opfer oder ein Ungleichgewicht an Stärke ist zumindest anzunehmen." [27]

Die verschiedenen Ausprägungen schikanösen Verhaltens werden in folgende Subgruppen unterteilt:

- verbale Attacken
- non-verbale Angriffe
- Angriffe physischer Art

---

[25] siehe ebenda Seite 23
[26] siehe ebenda
[27] Kalliotis, P., zitiert nach Gruber, Elke, a.a.O. Seite 2

Unter verbale Attacken fallen Verhaltensweisen wie z. B. drohen, spotten, hänseln oder beschimpfen. Nonverbale Angriffe drücken sich in Form von Fratzen schneiden oder schmutzigen Gebärden aus, als Ausschluss aus einer Gruppe oder dadurch, dass jemandem ein Wunsch absichtlich nicht erfüllt wird. Wird das Opfer auf physischer Ebene schikaniert, so sind Verhaltensweisen wie stoßen, schlagen, drücken, schieben, drängen, treten, kneifen oder festhalten zu beobachten.

Harry ist 14 Jahre alt. Er besucht die 8. Klasse einer Realschule. Seit der 3ten Klasse der Grundschule nimmt Harry eine Außenseiterrolle ein. Er wird verspottet, gehänselt und geschlagen. Harry würde alles tun, um „dazu zu gehören". Zu Beginn des Schuljahres kommt ein neuer Schüler in den Klassenverbund. Er muss die Klasse wiederholen. Schnell findet dieser Schüler Freunde in der neuen Klasse. Da seine Eltern eine Gaststätte betreiben versorgt er seine Klassenkameraden mit einem Aufkleber einer Spirituosenfirma. Bald tragen alle Schüler diesen Aufkleber auf ihrer Tasche. Lediglich Harry erhält keinen Aufkleber. Sein „betteln" bei dem neuen Mitschüler um einen ebensolchen Aufkleber sorgt für Belustigung und weiteren Spott.

Eine weitere Unterscheidung wird zwischen

- direktem und
- indirektem

Bullying getroffen. Unter direktem Bullying versteht man relativ offene und dadurch leicht erkennbare Angriffe, welche häufig verbaler oder physischer Art sind.

Indirektes Bullying hingegen ist schwierig zu erkennen, da es sich vorwiegend um nonverbale Angriffe handelt und damit um subtile Mechanismen, wie soziale Isolation oder intentionaler Ausschluss aus einer Gruppe.[28]

---

[28] siehe Olweus, Dan, a.a.O. Seite 22

2.2.3 Parallelen und Abgrenzung

Zusammenfassend kann festgestellt werden, dass Mobbing wie auch Bullying Unterformen aggressiven Verhaltens sind die folgende Aspekte beinhalten:

- negative Aktionen verbaler, nonverbaler oder physischer Art,
- die wiederholt und über eine längere Zeitspanne,
- durch einen oder mehrere Täter erfolgen,
- mit der Intention, Schaden oder Leid zuzufügen.

Ein ungleiches Machtverhältnis - psychologisch oder physisch - ist bei Bullying ein wichtiger Bestandteil, nicht jedoch bei den meisten Definitionen für Mobbing.

Kritik wurde von einigen Wissenschaftlern an der Verwendung der Begriffe „Bullying" und „Mobbing" dahingehend geübt, das nicht unterschieden wird, ob der Aggressor ein Einzelner oder eine Gruppe von Personen ist. Es wird vorgeschlagen „Bullying" zu verwenden, wenn ein Einzelner angreift und „Mobbing", wenn eine Gruppe schikaniert, da diese Zuordnung auch der etymologischen Herkunft der beiden Wörter entspricht. Diese Begriffsverwendung halte ich jedoch für ungeeignet. Vielmehr plädiere ich dafür, an der bisherigen, international vorherrschenden Begriffsverwendung festzuhalten „Bullying" für schikanöses Verhalten in der Schule und „Mobbing" für Feindseligkeiten am Arbeitsplatz zu verwenden.

Diese Unterscheidung manifestiert sich auch in den zwei zugrunde liegenden Forschungsrichtungen. Bullying wird der Entwicklungs- und Pädagogischen Psychologie, mit dem Forschungsschwerpunkt Persönlichkeitsfaktoren zugerechnet, die Forschung um Mobbing hingegen bezieht situative Variablen und die ökonomische Abhängigkeit Erwerbstätiger verstärkt ein und ist in der Arbeits- und Organisationspsychologie etabliert.[29] Obgleich es sich um sehr ähnliche Phänomene handelt, haben die Studien aus den beiden Forschungsrichtungen bisher kaum aufeinander Bezug genommen.

Anhand eines Beispiels soll dargestellt werden, das es sich trotz der zahlreichen Gemeinsamkeiten doch um unterschiedliche Betrachtungsfelder handelt deren Abgrenzung auch in dem gewählten Begriff zum Ausdruck kommen sollte.

„Man stelle sich einmal vor, ein Angestellter, sagen wir in einer Versicherungsgesellschaft, käme morgens zur Arbeit, und noch bevor er sein Büro betritt, hört er deftige hämische Bemerkungen, die sich auf sein Äußeres beziehen. Er macht sich aber nichts daraus. Um seinen Schreibtisch zu erreichen, muss er an einigen Kollegen vorbei, die sich um einen besonders Kräftigen geschart haben, der lauthals Angebereien verbreitet, ein Kumpel neben ihm hampelt herum und gibt dem Vorbeigehenden einen Schubs. Der fängt sich schnell und gelangt zu seinem Schreibtisch. Jetzt klingelt auch schon das Telefon, und der Chef fragt nach Arbeiten, die fertig sein müssten. Irgend jemand hat dem Angestellten das Schreibzeug versteckt. Er rafft seine Akten zusammen und macht sich auf dem Weg zum Chef. Doch an der Tür stellt ihm jemand ein Bein, so dass er taumelt und seine Akten dem Boden verstreut. Er rafft sie schnell wieder zusammen und geht weiter. Dabei kommt er an zwei Burschen vorbei, die gerade Frühstückspause haben. Sie prügeln sich, und einige Kollegen stehen johlend darum herum. Da geht auch schon der Wachschutz dazwischen ...“[30]

---

[29] siehe Gruber, Elke, a.a.O. Seite 5 f

[30] pbreport e.K., Zindel, Manfred, Kinder und Jugendliche aus der Sicht ihres Erlebens, Kapitel 3, Seite 7

2.3. Formen der Gewalt

Ebenso, wie es verschiedene Definitionsgrundlagen für den Begriff "Gewalt" gibt, gibt es auch verschiedene Formen von Gewalt; kann Gewalt in verschiedenen Situationen auf unterschiedliche Art und Weise zum Ausdruck kommen.

Bei der Erläuterung der Begriffe Mobbing und Bullying wurden bereits unterschiedliche Ausdrucksformen dieses aggressiven Verhaltens kurz skiziert. Alle dort genannten Formen –die unmittelbar mit dem Autor der verwandten Studie in Verbindung stehen- können aber auf die folgenden Ausführungen zurückgeführt werden.

Zum einen offenbart sich Gewalt ganz offensichtlich und für Außenstehende erkennbar, wenn es z.B. zwischen zwei Menschen zu einer Schlägerei kommt, oder eine Person eine andere mit körperlicher Gewalt an etwas zu hindern oder zu zwingen versucht. Zum anderen gibt es aber auch die sogenannte latente Gewalt; Gewalthandlungen, die verborgen und nicht sichtbar sind, aber das gleiche Ziel wie körperliche Gewalt verfolgen und die gleichen verheerenden Folgen besitzen.

So lässt sich Gewalt in verschiedene Formen unterteilen. Die deutlichste Unterscheidung liegt in der Einteilung in personale und strukturelle Gewalt.

2.3.1. Personale Gewalt

Spricht man von personaler Gewalt, so meint man immer Handlungen, die von einer Person ausgehen (Täter - Bullie) und einer anderen Person (Opfer) angetan werden. Personale Gewalt setzt sich jedoch nicht nur aus dieser Täter-Opfer-Verbindung zusammen. Vielmehr muss die Gewalthandlung an sich immer mit in diese Betrachtung einbezogen werden. Man kann also sagen, dass es sich bei personaler Gewalt immer um drei Aspekte handelt: den Täter (Subjekt), das Opfer (Objekt) sowie die Gewalthandlung. [31]

Darüber hinaus ist personale Gewalt offensichtlich und beobachtbar. Es sind Handlungen, die von einer Person ausgehen und eindeutig als Handlungen oder Verhalten beobachtet werden können und sich gegen eine andere Person richten. Neben diesen drei Komponenten der personalen Gewalt kommt bei der Beobachtung noch eine vierte hinzu, nämlich das Resultat der Gewalthandlung, die Schädigungen, die das Gewaltobjekt, das Opfer, zu ertragen hat. Beobachtbar sind diese Schädigungen der Opfer an den körperlichen (physischen) und seelischen (psychischen) Folgen, unter denen die Opfer zu leiden haben. Nicht immer ist beobachtbar, zu welchem Zweck und zu welchem Ziel diese Gewalthandlungen ausgeführt werden. Erst durch die Betrachtung der Beweggründe, der Hintergründe und der Situation des Täters und des Opfers sind solche Handlungen - in den meisten Fällen - erschließbar.

In einer solchen Konstellation von Subjekt und Objekt werden durch die Gewalthandlungen und die daraus resultierenden Schädigungen des Betroffenen die Machtverhältnisse verschoben. Sie werden ungleich und sind daher nicht mehr natürlich. Das Opfer erfährt die Gewalthandlungen am eigenen Leib, was jedoch nicht bedeuten muss, dass die Folgen von personaler Gewalt unmittelbar zum Tragen kommen. Personale Gewalt ist zwar durch einen Anfang und ein Ende definiert; diese Tatsache muss aber nicht zur Folge haben, dass die Folgen dieser Gewalthandlungen direkt zum Vorschein kommen. Vielmehr sind die Folgen oft verzögert. Es reicht nicht aus, bei der Betrachtung der Folgen solcher Gewalthandlungen nur die körperlichen Schädigungen zu beachten, sondern man muss davon ausgehen, dass solche physischen Schädigungen sehr oft auch psychische Schädigungen zur

[31] siehe Pfeifer, Tobias, a.a.O. Seite 12

Folge haben. Es sind die psychischen Folgen die langfristig bestehen bleiben, die Möglichkeiten der Opfer, ihre freie Entfaltung und Entwicklung behindern. Nicht selten machen sie sich in unterschiedlichsten Erkrankungen bemerkbar, wie wir später noch sehen werden.

Leidet ein Schüler, der Betroffener einer Gewalthandlung wurde, unter körperlichen Schmerzen, unmittelbar nachdem er zusammengeschlagen wurde, so hat er eventuell noch Jahre später an den psychischen Folgen zu leiden. Es sind die limitierenden Glaubenssätze welche sich in einer solchen Situation prägen und das Leben der Betroffenen auf Dauer bestimmen.

Glaubenssätze sind Generalisierungen, an die wir glauben. Sie sind "Wahrheiten", von denen wir fest überzeugt sind, die unser Denken, Fühlen und Handeln prägen. Glaubenssätze schaffen Realitäten.

Glaubenssätze unterscheiden sich nach solchen von Ursache-Wirkung und solchen welche die Identität und die Weltsicht einer Person bestimmen. Es sind die Glaubenssätze der Identität die nur schwer zu verändern sind und die unser Leben auf Dauer bestimmen. In Situationen in denen eine Person über einen längeren Zeitraum, d.h. wiederholt, sehr intensive Dinge erlebt (z.B. Schulgewalt), werden Glaubenssätze der Identität gebildet. Ferner werden Glaubenssätze der Identität gebildet, indem in der Kindheit Glaubenssätze von Bezugspersonen übernommen werden.

Diese Glaubenssätze der Identität stellen Kernglaubenssätze dar, um die sich im Laufe der Zeit –durch entsprechende Erfahrung- molekülartig weitere Glaubenssätze bilden.

Ich führe **Klaus** mental zurück in seine Schulzeit. Lasse ihn eine belastende Situation mit allen Sinnen erinnern. Welche Bilder tauchen auf? Welche Geräusche gehören hierzu? Gibt es einen bestimmten Geruch, der zu dieser Szene gehört? Wie fühlt es sich an? Wo genau im Körper nimmst er dies wahr? Für mich als Begleiter ist wahrnehmbar, dass sich Klaus Aussehen / Mimik verändert. Er wirkt angespannt, zeigt eine sogenannte Problempysionomie. Nun frage ich ihn: „Klaus, was denkst du in dieser Situation über dich und die Welt?"

„Ich bin nicht normal! Die Welt ist ungerecht", ist seine Antwort. Dies ist der Glaubensatz den Klaus in der belastenden Situation in der Schule prägte. Hierauf aufbauend entwickelte Klaus weitere Glaubenssätze von Ursache und Wirkung welche seine Wahrheiten darstellen: „Ich muss schweigen, damit ich geliebt werde.", „Da ich nicht richtig sprechen kann, werde ich nie Erfolg haben." Tatsächlich fällt es Klaus in dem Gespräch mit mir schwer, sich zu artikulieren. Er spricht leise und unverständlich, so dass ein häufiges Nachfragen notwendig ist. Klaus „Wahrheiten", werden somit Realität.

Personale Gewalt hat sowohl physische wie auch psychische Auswirkungen. Unterscheidet man bei den Folgen der Gewalthandlungen zwischen körperlichen (physischen) und seelischen (psychischen) Schädigungen, so muss man auch das Ausüben von Gewalt seitens des Täters in physische und psychische Gewalthandlungen unterteilen.

Personale Gewalt basiert also auf Handlungen, die durch physische oder psychische Gewaltanwendung des Täters, der sie ausübt, beginnen und in physischen und psychischen Schädigungen der Opfer, die nicht unbedingt unmittelbar zu verspüren sind, enden.

2.3.1.1 Physische Gewalt

Physische oder körperliche Gewalt ist eine Form der personalen Gewalt, bei der eine Person mittels körperlicher Gewalthandlungen versucht, eine andere Person zu schädigen, so dass diese körperliche Schädigungen, Behinderungen oder Verletzungen erleidet. Solche körperlichen Gewalthandlungen haben die Intention, dass das Opfer gegen seinen eigenen Willen und stattdessen nach dem Willen des Täters handelt. Es ist jedoch nicht generell davon auszugehen, dass sich physische (wie auch psychische) Gewalt nur zwischen einem Täter und einem Opfer abspielt. Vielmehr können die Täter durchaus mehrere Personen sein, die auf Einzelne oder Mehrere Gewalt ausüben.

Auch muss das Ziel der Gewalt nicht unbedingt ein Individuum sein, sondern es kann auch eine Sache sein. Dies in der Folge in den Bereich der personalen Gewalt einzustufen ist dann legitim, wenn aus diesen Gewalthandlungen Schädigungen für einen Menschen resultieren. Es muss also zwischen Gewalt differenziert werden, die sich primär gegen Sachen richtet, aber für einzelne oder eine Gruppe nicht zur Schädigung führt und zwischen Gewalt gegen Sachen, die indirekt zur Schädigung von Personen oder Gruppen führt. Man kann hier auch von indirekter physischer Gewalt sprechen, nämlich dann, wenn beispielsweise die Zerstörung von Gegenständen das Ziel hat, den Besitzer dieser Gegenstände zu schädigen (z.B. Zerbrechen von Stiften und Linealen, Zerstechen von Fahrradreifen usw.). Geht man also von einer Gewalt gegen Sachen aus, die als eigentliches Ziel die Schädigung von Personen bewirken soll, so kann man hier von einer indirekten physischen Gewalt sprechen.[32]

Physische Gewalt wird zum einen durch den Gebrauch von Waffen aller Art ausgeübt, zum anderen durch Handlungen, die das Opfer physisch einschränken. Man spricht nicht nur dann von physischer Gewalt, wenn der Tä-

[32] siehe ebenda Seite 13

ter körperliche Gewalt anwendet, sondern auch wenn durch Handlungen beim Opfer physische Schädigungen auftreten. Diese physischen Schädigungen müssen nicht immer, wie oben erwähnt, ihren Ursprung in direkter körperlicher Gewaltanwendung haben.

Physische Gewalt kann im extremen Fall zum Tod führen, das heißt zur körperlichen Zerstörung. Meist jedoch haben physische Gewalthandlungen körperliche Verletzungen zur Folge. Darüber hinaus sind auch körperliche Einschränkungen die Folge von physischer Gewalt. Die Schädigung anderer ist oft nicht das primäre Ziel, sondern wird billigend in Kauf genommen und ist für den Täter selbst nicht von Bedeutung.

Oft sind physische Gewalthandlungen immer mit psychischen Folgen für das Opfer verbunden. Auf der Täterseite lässt sich hier Gewalt in physische und psychische Gewalthandlungen unterscheiden; auf der Seite der Opfer jedoch sind die Grenzen zwischen physischer und psychischer Schädigung oft fließend.

2.3.1.2 Psychische Gewalt

Psychische Gewalt drückt sich in Handlungen aus, die nicht auf einer körperlichen Kraftausübung beruhen und keine (direkten) körperlichen Schädigungen zur Folge haben, die aber das Opfer genauso schädigen können wie physische Gewaltausübungen.[33]

Die Betrachtung der physischen Gewalt hat gezeigt, dass die Grenzen zwischen physischer und psychischer Schädigung fließend sein können. Psychische Gewalt kann ebenfalls von einem oder mehreren Tätern ausgeübt werden und eine oder mehrere Opfer betreffen. Sie kann auch von Einzel-

[33] siehe ebenda Seite 15

personen oder von Gruppen ausgehen. Der wesentliche Unterschied der beiden Formen der personalen Gewalt besteht in der Tatsache, dass sich psychische Gewalt nur zwischen Menschen abspielt.

Die Folgen von psychischer Gewalt lassen sich nicht immer präzise vorhersagen und äußern sich verschieden. Fest steht jedoch, dass sie Schädigungen beim Opfer hervorrufen, die sich auf dessen seelisches und geistiges Befinden beziehen und dieses erheblich beeinträchtigen.[34] Oft hängen die Folgen von psychischer Gewalt auch von der Konstitution, der Auffassung (Glaubensystem) und dem Lebensumfeld des Opfers ab. Ein ausgesprochenes Schimpfwort, gleich welcher Art und Stärke, kann bei unterschiedlichen Menschen unterschiedliche Folgen hervorrufen. Dies hängt auch damit zusammen, welche Sprachauffassung und welchen Umgang die betroffene Person für gewöhnlich hat.
Erschwert wird die Beobachtung psychischer Schädigungen auch dadurch, dass sie latent sind, dass das Opfer in manchen Fällen zunächst gar keine Schädigung verspürt oder realisiert. Oft kommen solche Schädigungen erst viel später (und eventuell mit Folgeerscheinungen) zum Vorschein.
Daher ist es in manchen Fällen schwer zu klären, ob psychische Gewalt bewusst angewendet wurde, da nicht immer deutlich ist, ob der Täter das Gesagte beispielsweise als Schimpfwort auffasst oder nicht.
Die Folgen für das Opfer sind vielfältig. Zunächst sind dies Schädigungen, die auf der affektiven Ebene in Form von Angstzuständen, Misstrauen, Minderwertigkeitsgefühlen etc. auftreten können. Weiter zeigen sich die Schädigungen auch auf der kommunikativen Ebene, wenn das Opfer große Probleme bekommt, sich frei zu äußern, unter Redehemmung und mangelnder Kontaktfähigkeit zu leiden hat. Diese Schädigungen können dann sogar so weit reichen, dass sie auch den kognitiven Bereich betreffen, wenn das Op-

[34] siehe Kruse, Jens-Peter u.a., a.a.O. Seite 6

fer keine eigene Meinung mehr bilden bzw. vertreten kann, abhängig wird von dem Urteil anderer oder unter Konzentrationsschwierigkeiten leidet.[35] Real werden solche Varianten der Schädigung jedoch nicht einzeln auftreten, sondern zumeist eng miteinander verbunden sein.

Georg ist 72 Jahre alt. Er ist Teilnehmer einer Männergruppe, welche bereits seit über 20 Jahren besteht. Georg nimmt an den Treffen unregelmäßig, jedoch bereits seit mehreren Jahren teil. In der Gruppe gehört er zu den Zuhörern; also zu den Männern welche das Gespräch nicht aktiv gestalten, sondern ihm eher passiv, abwartend, zuhörend folgen.
Von Georg ist bekannt, dass er unter Herzproblemen leidet. Er liebt die Natur, und unternimmt häufig Spaziergänge in Wald und Flur. Georg ist häufig unruhig; wenn er spricht leidet er unter Wortfindungsproblemen.
An dem Abend, als es inhaltlich um das Thema Gewalt geht, gesteht Georg der Gruppe, das er in der Schule oft gehänselt und verspottet wurde. „Aber das ist lange her", sagt Georg und bringt sich nicht weiter ein.

Gleich den Schädigungen der Opfer, lassen sich auch die Mittel, mit denen der Täter, psychische Gewalt anwendet, unterscheiden. So lassen sich die Mittel der psychischen Gewalt in zwei Aktionskategorien einteilen:

1. Psychische Gewaltanwendung durch Verhaltensweisen und Handlungen: Hierbei nutzt der Täter bestimmte Verhaltensweisen, um dem Opfer Schaden zuzufügen, ohne dabei jedoch physische Gewalt anzuwenden. Solche Handlungen können von Missachtung des anderen über Unterdrückung bis hin zum Abhängigmachen des anderen reichen. Bei diesen

[35] siehe Pfeifer, Tobias, a.a.O. Seite 17

Handlungen werden eindeutig die Machtverhältnisse zugunsten des Täters verschoben.[36]

2. Verbale Gewalt

Bei der verbalen Gewalt wird das Opfer durch Worte geschädigt. Der Täter beleidigt, beschimpft, bedroht, diskriminiert, belügt, verleumdet, indoktriniert oder erpresst durch Worte das Opfer. In der Schule kommt hier noch Störung oder Desinteresse seitens der Schüler zur Geltung. Diese Beispiele zeigen, dass verbale Gewalt in ihrer Wirkung differenziert ist und viele verschiedene Arten kennt.[37]

Verbale Gewalt ist die Form der psychischen Gewalt, die am häufigsten zur Anwendung kommt. Auch das sogenannte Cyper-Bullying fällt hierunter.

Während die physische (körperliche) Gewalt vor allem von Männern praktiziert wird, nutzen Frauen und Männer das Mittel der psychischen Gewalt in gleichem Maße.[38] Es überrascht insoweit nicht, dass auch die nachfolgenden Studien dies für den Bereich der Schule bestätigen.

Wieso in vielen Situationen psychische Gewalt angewendet wird, lässt sich oft nur sehr schwer erklären. Wie jedoch schon seitens der Opfer erwähnt, müssen gerade bei psychischer Gewaltanwendung die Lebensgewohnheiten, die gesellschaftliche Situation und die Lebenssituation des Täters ins Auge gefasst werden. Dies führt zur strukturellen Gewalt, als zweiten Aspekt neben dem personalen Gewaltbegriff. Strukturelle Gewaltverhältnisse sind oft die Ausgangsbasis für personale Gewaltanwendungen. Daher macht ein Blick auf strukturelle Gewalt auch die Gründe für physische und psychische Gewaltanwendung deutlich.

---

[36] siehe ebenda Seite 18

[37] siehe ebenda

[38] siehe Kruse Jens-Peter u.a., a.a.O. Seite 6

2.3.2 Strukturelle Gewalt

Die "strukturelle Gewalt" kann als mögliche Erklärung für die personale Gewalt angesehen werden. Dieser zweite Aspekt der Gewalt spielt sich nicht zwischen konkreten Personen oder Gruppierungen ab. Es handelt sich hierbei nicht mehr um eine "persönliche" Gewaltausübung, da gewalttätig Handelnde in Bezug auf strukturelle Gewalt nur als Ausübende bestimmter Machtgruppen oder Systeme einer Gesellschaft oder eines Staates angesehen werden müssen.[39]

Vielmehr ist strukturelle Gewalt nicht unbedingt beobachtbar, sondern lediglich erschließbar. Dies hängt damit zusammen, dass man bei der strukturellen Gewalt nun nicht mehr von dem Täter-Opfer-Verhältnis in persona reden kann. Es gibt weder konkrete Personen, noch Gewalthandlungen, die von diesen Personen ausgehen. Strukturelle Gewalt muss daher als ein permanenter Zustand angesehen werden. Sie bezieht sich auf die ungleichen Herrschafts- und Machtverhältnisse in einem gesellschaftlichen System. Diese ungleichen Herrschafts- und Machtverhältnisse zeigen sich beispielsweise in Hierarchien, Rollenzuweisungen, Restriktionen etc.[40]

Strukturelle Gewalt ist eine Gewalt, die im gesellschaftlichen System verankert ist und die Menschen in ihrer Freiheit und in ihren physischen und psychischen Fähigkeiten einschränkt.[41] Dabei muss man nicht unbedingt nur das Beispiel eines totalitären Staates zu Hilfe nehmen. Auch in einem demokratischen Land wie der Bundesrepublik Deutschland ist strukturelle Gewalt im System erschließbar, gleich ob sie sich in Bereichen wie Wirtschaft, Gesetzgebung oder vor allem im Schul- und Bildungssystem ausdrückt. Gerade in der Schule wird strukturelle Gewalt in den hierarchischen Strukturen und Schulordnungen deutlich, denen Eltern, Schüler und Lehrer ausgesetzt sind.

---

[39] siehe Pfeifer, Tobias, a.a.O. Seite 19
[40] siehe ebenda Seite 19
[41] siehe Kruse, Jens-Peter, a.a.O. Seite 6

Was nun als strukturelle Gewalt bezeichnet werden kann, hängt auch von dem subjektiven Empfinden des Einzelnen und seiner speziellen gesellschaftlichen Einstellung ab.
Natürlich hat strukturelle Gewalt physische und psychische Schädigungen auf Seiten der Opfer zur Folge, auch wenn man auf der Täterseite von struktureller Gewalt spricht.

Bei der Betrachtung und Analyse von struktureller Gewalt muss man immer auch die Tatsache in Betracht ziehen, dass sie nicht direkt beobachtbar, sondern nur erschließbar ist und mit verschiedenen Komponenten (Handlungen, Systemen) verbunden ist. Dadurch können die Grenzen der strukturellen Gewalt nicht exakt gezogen werden, so dass sich strukturelle und personale Gewalt bedingen können.

In einem Aufsatz erweitert *Galtung* das Feld der strukturellen Gewalt durch den Begriff der kulturellen Gewalt. Kulturelle Gewalt zeigt im Allgemeinen die gleichen Merkmale wie strukturelle Gewalt.[42]

---

[42] siehe ebenda Seite 6

2.4 Erscheinungsformen von Gewalt in der Schule

Die Formen von Gewalt in der Schule zeichnen sich im Bereich der personalen Gewalt sowohl auf der physischen als auch auf der psychischen Ebene ab und reichen von verbalem Fertigmachen, Cyper-Bullying, über Ausschluss bis hin zu körperlichen Auseinandersetzungen. Olweus differenziert zwischen „unmittelbarer“ und „mittelbarer“ Gewalt.[43] Während unmittelbare Gewalt eher offene Angriffe gegen das Opfer meint, geht man bei mittelbarer Gewalt von gesellschaftlicher Ausgrenzung und absichtlichem Ausschluss aus.

Mädchen und Jungen unterscheiden sich nicht nur in der Häufigkeit der Gewaltausübung, sondern auch in der Art und Weise der Gewaltanwendung. Unmittelbare (physische personale) Gewalt, also offene Angriffe, scheinen für Jungen typischer zu sein als für Mädchen. Dagegen sind Mädchen eher mittelbaren und raffinierteren Formen der Gewalt ausgesetzt, d.h. sozialer Isolierung, absichtlicher Ausgrenzung aus der Gruppe Gleichaltriger, in Form von übler Nachrede, Intrigen spinnen, Verbreitung von Gerüchten oder einem Mädchen die „beste Freundin“ ausspannen.[44] Doch auch unter Jungen ist die häufigste Form der Gewalt das schikanieren mit nichtphysischen Mitteln. Gravierende Gewaltvorfälle sind eher die Seltenheit. Allerdings ist einzuräumen, dass die scheinbar stärkere Gewaltbereitschaft bei Jungen auch daran liegen könnte, dass einige Formen der Gewaltanwendung bei Mädchen so raffiniert sind, dass sie bei den zugrunde liegenden Fragebogenuntersuchungen nicht aufgedeckt werden konnten.[45]
Außerdem zeigen die Studien ein höheres Vorkommen von Vandalismus an Gymnasien, während es in Haupt- und Sonderschulen eher zu physischen Aggressionsausbrüchen gegen Menschen kommt.

---

[43] siehe Olweus, Dan, a.a.O. Seite 23
[44] siehe ebenda Seite 29 ff
[45] siehe ebenda Seite 31

Die Folgen der strukturellen Gewalt die in einem System wie Schule sicherlich vermehrt vorzufinden sind, lassen sich nur schwer festmachen.

Folgt man der These, dass strukturelle Gewaltverhältnisse oft die Ausgangsbasis für psychische Gewaltanwendungen darstellen, so haben wir bereits den Erklärungsansatz dafür gefunden, dass Schüler sich als Opfer von Lehrern empfinden.

2.5 Opfer – Täter

Wie die vorangehenden Betrachtungen zeigten ist das Thema „Gewalt“ eng mit den Begriffen Opfer und Täter verbunden. Im allgemeinen Sprachgebrauch wird unter Opfer eine Person bezeichnet, die Geschädigte einer Handlung ist, die durch einen Täter ausgeführt wurde.

Diese Definition ist auch mit dem strafrechtlichen Opferbegriff identisch. Unter Opfer versteht man hier den Geschädigten, unter Täter den Schädiger einer Straftat.

Gleichwohl kennt die Realität viele Situationen und Handlungen die außerhalb dieser schwarz/weiß Sicht liegen. Für einen unbeteiligten Beobachter ist häufig nicht immer eindeutig erkennbar, wer Opfer oder Täter ist. Weiter ist oft feststellbar, dass Täter sich für Opfer halten und umgekehrt. Nur dort wo eine Person eine andere eindeutig, mit vollem Wissen und Gewissen schädigt, ist klar wer Opfer und Täter in dieser Situation sind.

Erinnern wir uns an das Beispiel von Klaus und Detlev aus dem Kapitel 2.1.3. Detlev möchte Klaus helfen, der durch seinen Dialekt in der Schule und bei seinen Mitschülern negative Aufmerksamkeit erregt. Detlev, verbessert Klaus häufig mit der Absicht ihm zu helfen, er versteht sich als Retter in der Situation. Für Klaus stellen Detlevs ständige Interventionen eine Bedrohung dar. Er fühlt sich eingeengt, seiner Autonomie beraubt, von Detlev angegriffen. Klaus sieht sich selbst als Opfer, erlebt Detlev als Täter. Würde Klaus mit seiner Wahrnehmung nach Außen gehen, so würde sich die Situation verkehren. Detlev würde sich nun als Opfer von Klaus sehen, da er einer Tat beschuldigt würde, welche außerhalb seiner Absicht liegt.

Dieses Phänomen, das aus Opfern Täter und aus Tätern Opfer werden lässt begegnet uns sehr häufig und ist nicht unbekannt. In der Transaktionsanalyse spricht man diesbezüglich von einem Dramadreieck, zwischen Täter, Opfer und Retter. Die Mediation bedient sich dieser Erkenntnis und erarbeitet in diesem Prozess die positiven Absichten (Bedürfnisse, Erwartungen) welche hinter dem Konflikt liegen um die Beteiligten auf diese Weise füreinander zu öffnen.

Rufen wir uns Utes Fall aus Kapitel 2.1.1 in Erinnerung, welche durch ihr aggressives Verhalten eindeutig zur Täterin wurde, indem sie andere bewusst schädigte.
Utes Eltern, sind beide berufstätig. Sie können sich um ihre Tochter nur am Abend kümmern. In der Zeit vor Utes Auffälligkeit kriselt es in der Ehe. Es kommt sehr häufig und laut zu Auseinandersetzungen zwischen den Ehepartnern. Ute, der dies nicht verborgen bleibt ist verzweifelt. Sie möchte das sich ihre Eltern verstehen. Gleichwohl laufen ihre Bemühungen, z.B. das unaufgeforderte Geschirrabwaschen, ins Leere. Sie fühlt sich verantwortlich für den Frieden in der Familie, erkennt jedoch, dass sie mit all ihrem Handeln scheitert. Die Streitigkeiten zwischen ihren Eltern verstärken sich jedoch zunehmend. Ute ist Opfer dieser Familiensituation unter der sie schwer leidet. Die Leistungen in der Schule lassen merklich nach. Ihre in der Folge gezeigten Aggressionen sind ein Signal an die Außenwelt, mit dem Ute Hilfe sucht. Sie ist somit Opfer und Täterin zugleich.
Utes Verhalten in der Schule ist nicht zu tolerieren. Sie allein hat die volle Verantwortung für ihr Verhalten. Gleichwohl sollten wir uns ihres Dilemmas gewahr sein, wenn wir in dem Folgenden von den Opfern und Tätern von Schulgewalt lesen und deren Handlungen für uns bewerten.

Von dem Opfer-, dem Tätersein ist die Opfer-, die Täterhaltung zu unterscheiden. Der Unterschied besteht darin, dass man sich in seiner Grundeinstellung als Opfer, oder Täter fühlt, ohne dass es hierfür konkrete Lebenssachverhalte gibt.

Glaubenssätze wie z.B. „die Welt ist gefährlich, ich kann es keinem Recht machen“, signalisieren bereits eine gewisse Opferhaltung, bzw. Opfererwartung. Menschen mit einem ebensolchem Glaubensystem werden sich vermehrt in Situationen wieder finden, in denen sie sich als Opfer erleben werden.

Ein Beispiel außerhalb des Themas „Schulgewalt“: **Gerda** ist 63 Jahre alt. Vor ca. 2 Jahren trennte sich ihr Ehemann von ihr; ein Antrag auf Scheidung wurde gestellt. Gerda ist seit ihrer Hochzeit im Alter von 21 Jahren keiner beruflichen Tätigkeit mehr nachgegangen. Alle wesentlichen Entscheidungen wurden in der Vergangenheit von ihrem Ehemann getroffen. Gerdas Glaubenssatz lautet: „Ich bin eine Frau; Frauen sind hilf- und schutzlos; ich darf nicht vertrauen“. Ebenso empfindet sie ihre gegenwärtige Situation. Sie fühlt sich unsicher, hilflos und einer Welt ausgeliefert welche sie betrügen und übervorteilen will, in der sie als Frau keinen Platz hat. Sie ist das Opfer, ihres Mannes und einer Welt zu der sie keinen Zugang findet. Gleichzeitig gehen ihre Angehörigen (Tochter, Schwiegersohn und Enkelkind) immer mehr auf Distanz zu Gerda, da sie diese als dominant, fordernd, „prinzessinnenhaft“ erleben. Für sie ist Gerda mehr Täter als Opfer. In ihrer zunehmenden Distanz findet Gerdas beschränkender Glaubenssatz, in der sich ihre Opferhaltung ausdrückt, nun auch gegenüber ihren Angehörigen Bestätigung (Selbsterfüllende Prophezeiung).

Wo Licht ist, da ist auch Schatten, heißt es in einer Volksweisheit. Wo Schatten ist, da ist auch Licht, möchte ich diesen Satz gern umformulieren. Hierin soll zum Ausdruck kommen, dass ein Opfersein unter Umständen auch Vorteile bieten kann. Ähnlich dem primären und sekundären „Krankheitsgewinn“, gibt es objektive und subjektive Vorteile, die ein Mensch aus einer Opferrolle zieht.

In einer Gesellschaft, in der jedes Fehlverhalten sanktioniert, gerügt und geahndet wird, möchte niemand Täter sein. Viel vorteilhafter scheint es da, sich selbst als Opfer ins Licht zu setzen, Mitleid, Aufmerksamkeit und Unterstützung zu erfahren. Opfer sein, bedeutet auf dieser schwarz und weiß gezeichneten Landkarte, gut zu sein, lieb zu sein, Hilfe erwarten zu dürfen.

Auch hier ist das vermeintliche Opfer, eigentlich Täter, da es individuelle Vorteile aus seiner Rolle zieht. Doch sehr häufig geschieht ein solches Verhalten unbewusst, ist eine Facette der Opferhaltung, welche zuvor angesprochen wurde.

In einer Gruppe von 21 Teilnehmerinnen und Teilnehmern, bat ich diese – dem Dramadreieck entsprechend- sich an dem Platz des Täters, des Opfers oder des Retters zu platzieren, ganz wie es ihrem eigenen Rollenverständnis entspricht. An dem Platz des Täters fanden sich drei Personen wieder, welche die Tatkraft und Klarheit dieses Ortes hervorhoben. An dem Platz des Opfers fanden sich 5 Personen wieder. Sie stellten als Vorteile die fehlende Verantwortung, die Aufmerksamkeit und die Unterstützung heraus, die sie an diesem Ort erwartenden. Der Platz des Retters wurde von den restlichen 13 Personen eingenommen. Sie sahen den Vorteil dieses Platzes darin, selbst nicht Täter oder Opfer sein zu müssen. Gleichzeitig erwarteten sie Anerkennung und Wertschätzung für ihr Handeln, den Opfern zu helfen.

3. Ausmaß der Gewalt an Schulen

Die in den letzten Jahren durchgeführten Forschungsprojekte scheinen die weit verbreitete Meinung der Gewaltzunahme innerhalb der Schulen zu bestätigen.

In der Literatur findet sich eine große Varianz der angegebenen Häufigkeiten von Bullying. Diese reicht von 3 % bis 89 %.[46]

Zurückzuführen ist diese große Spannweite auf Faktoren wie unterschiedliche Erhebungsmethodik (Selbstreport versus Fremdreport), Unterschiede in der betrachteten Zeitspanne (von punktuell bis retrospektiv über die gesamte Schulzeit) und verschiedene zugrunde gelegte Definitionen, sowie andere diagnostische Kriterien. Daher sind Datenvergleiche nicht direkt, sondern nur unter Berücksichtigung der Erhebungsspezifika sinnvoll. Darüber hinaus können nationale Häufigkeitsunterschiede durch Faktoren wie Übersetzungsprobleme, Bekanntheitsgrad des Konzeptes in der jeweiligen Kultur und Unterschiede im öffentlichen Bewusstsein, entstehen.

Anlässlich einer groß angelegten Untersuchung in Norwegen, hat Olweus (1989) ein Erhebungsinstrument zur Erfassung von Bullying entwickelt - den „Bullying Questionnaire". Der Fragebogen enthält Items zu vier inhaltlich zu unterscheidenden Skalen. Diese erfassen die Häufigkeiten, in denen jemand direktem oder indirektem Bullying ausgesetzt wurde. Neun mögliche Bullying-Handlungen werden explizit angeführt. Der Schüler gibt an, welche Art auf ihn zutrifft und in welcher Frequenz dies geschieht. Die Skala enthält fünf Unterscheidungen (gar nicht schikaniert, nur ein- oder zweimal, manchmal, einmal pro Woche, mehrmals pro Woche). Zusätzliche Skalen erfassen die Täterschaft mit Fragen zu aktiver Beteiligung als Aggressor und Einstellungen der Schüler zu Bullying.[47] Olweu´s Bullying Questionnaire liegt den meisten zum Thema durchgeführten Untersuchungen zugrunde obgleich

[46] siehe Gruber, Elke, a.a.O. Seite 7
[47] siehe Olweus, Dan, a.a.O. Seite 23 f

methodologische Überlegungen eine uneingeschränkte Geeignetheit dieses Erhebungsinstrumentes bezweifeln lassen.

Zu kritisieren ist einerseits die Beschränkung auf nur sehr wenige angeführte Bullying-Handlungen, die auf eine Unvollständigkeit möglicher schikanöser Verhaltensweisen schließen lassen. Die gewonnenen Daten sind weiter mittels einer im Fragebogen eingeführten Formulierung „Wie oft bist Du seit Weihnachten in der Schule schikaniert worden?“ retrospektiv erfasst worden. Da die Beantwortung der Frage von dem Zeitpunkt der Vorlage des Fragebogens abhängig war, beziehen sich die Ergebnisse auf einen variablen Zeitraum.

Die direkte Vergleichbarkeit der angegebenen Prävalenzen muss somit bezweifelt werden. Da indirekte Strategien nicht leicht erkennbar sind, ist weiter zu bedenken, dass es durch diese Art der Erhebung zu einer systematischen Unterschätzung der Auftrittshäufigkeiten kommt.[48]

Im Allgemeinen wird heute, -gestützt auf Olweus` Konzept-, eine Auftrittshäufigkeit von circa 9-10% an viktimisierten Kindern und Jugendlichen angegeben, welche manchmal oder öfter von Bullying betroffen sind. [49] Davon sind in etwa 3% schwer Betroffene zu verzeichnen, welche wöchentlich schikaniert werden. Weitere, circa 7% der Schüler sind aktiv, d. h. als Aggressoren am Bullying beteiligt, womit eine Gesamtzahl von etwa 15% in Bullying-Handlungen involvierten Kindern und Jugendlichen zwischen 8 und 16 Jahren festzustellen ist.[50] Diese Daten, welche auch mit der frühen Erhebung in Bergen, Norwegen (1983) durch Olweus konform gehen, werden durch viele Studien in ähnlichen Ausprägungen bestätigt und beziehen sich auf einen Zeitraum einiger Monate, weshalb höhere Jahresprävalenzen an-

[48] siehe Gruber, Elke, a.a.O. Seite 3
[49] siehe ebenda Seite 7 f
[50] siehe ebenda

zunehmen sind. Die meisten Studien im internationalen Kontext beziehen Schüler zwischen der zweiten und neunten Schulstufe ein.

Mehrere Forscher verweisen auf eine Studie in Großbritannien, welche weit höhere Prävalenzen fand. Hier waren 27% der Schüler im Alter zwischen 8 und 11 Jahren schikaniert worden, davon circa 10% öfter als einmal pro Woche. Am häufigsten wurden, mit absteigender Reihenfolge, folgende Bullying-Strategien angewendet: beschimpfen (42%), physische Attacken (25%), bedrohen (21%), weiter Gerüchte verbreiten, mit dem/der Betroffenen nicht sprechen und schließlich Eigentum wegnehmen.[51] In einer weiteren Untersuchung, mittels halbstrukturierter Interviews erhobener Daten, aus Großbritannien (1992-93) ergaben sich Auftrittshäufigkeiten bei den 8- bis 9jährigen von circa 22%; wobei hiervon circa 3% „oft" oder „fast täglich" schikaniert wurden und am häufigsten die Strategien „verletzt werden" und „beschimpfen" genannt wurden. [52]

Wesentlich höhere Häufigkeiten sind in Italien mit 41% Opfern, davon 17,5% schwer Betroffene, zu verzeichnen.[53] In Deutschland wird eine Anzahl von 4 bis 12 % intensiv Betroffenen angegeben.[54]
Befunde aus den USA zeigen, unter Zugrundelegung uneinheitlicher Kriterien, Anteile von 10% bis 29%. Eine Erhebung in Japan stellte im Jahr 1994 in Grundschulen (6- bis 12-Jährige) einen Anteil viktimisierter Schüler von 21,9%, bei den 12- bis 15-Jährigen von 13,2% und bei Schülern die älter als 15 Jahre alt waren von 3,9% fest. [55]
In Australien, wird unter Hinweis auf unterschiedliche Kriterien, eine Rate von circa 10% der Kinder angegeben, die sehr oft schikaniert wurden. [56]

---

[51] siehe ebenda
[52] siehe ebenda Seite 8
[53] siehe ebenda
[54] siehe ebenda
[55] siehe ebenda
[56] siehe ebenda

Über Bullying in deutschen Schulen gibt es wenige Untersuchungen. In einer Umfrage in Niedersachsen antworteten von 15000 befragten Schülern, an 47 Schulen, bis zu 20% mit der Einschätzung, mehr oder weniger regelmäßig Opfer direkten-, bzw. Opfer indirekten Bullyings (5 - 10%) gewesen zu sein.[57]
Die JIM-Studie 2011 des Medienpädagogischen Forschungsverbunds Südwest spricht davon, dass jeder siebte Jugendliche (14%) bestätigte, das über ihn schon einmal peinliche oder beleidigende Inhalte in das Internet gestellt wurden. Jungen waren hier mit 15% stärker betroffen als Mädchen mit 13%.[58] Eine Studie der Universität Hohenheim spricht in diesem Zusammenhang von 22,1% betroffenen Jugendlichen. Befragt wurden hier 409 Schüler an zwei Schulen im Raum Stuttgart.[59]

Die Ergebnisse der Befragungen zeigen eine deutliche Differenz in der Gewalthäufigkeit bei den verschiedenen Schulformen. An der Spitze der Aggressionsbereitschaft finden sich die Sonderschulen, während Gymnasien, die wenigsten Gewaltprobleme aufweisen. Dazwischen siedeln sich die Haupt- und Realschulen an. Es zeigt sich auch ein entwicklungspsychologisch deutbares Problem: Das Alter der Heranwachsenden spielt bei der Häufigkeit von Gewalt ebenfalls eine Rolle: Die „Gewaltspitze" scheint bei den 13- bis 15jährigen zu liegen, das entspricht etwa der 8. / 9. Klasse. Danach ist ein Rückgang der Häufigkeit zu verzeichnen. Die Studien bestätigen dieses Problem; in der 7. Klasse wurden mehr Gewaltauseinandersetzungen ermittelt als in der 10. Klasse. *Asendorpf* (1999) geht davon aus, dass die Tendenz zu antisozialem Verhalten im Jugendalter auf zwei unabhängigen Quellen beruht: einer *überdauernden und einer* pubertätsgebundenen

---

[57] siehe Schmidl, Ulrich, Mobbing in der Schule, übrige Angaben unbekannt (aus dem Internet) Seite 4

[58] siehe Medienpädagogischer Forschungsverband Südwest, JIM 2011, Stuttgart November 2011, Seite 38

[59] siehe Universität Hohenheim, Pressemitteilung Cyper-Mobbing an Schulen vom 10.04.2011

Form.[60] Der Rückgang der Gewaltauseinandersetzungen ab der 10. Klasse lässt sich teilweise mit der pubertätsgebundenen Form erklären.

Etwas anders sieht dic Entwicklung beim Cyper-Bullying aus. Die JIM-Studie 2011 stellt fest, das ältere Jugendliche (18-19 jährige) hiervon stärker betroffen sind wie die Alterklasse der 12-13jährigen Schüler (12-13 Jahre: 9%, 14-15 Jahre: 18%, 16-17 Jahre: 14%, 18-19 Jahre: 16%). Auch hier liegen die Spitzenwerte bei den Schülern der 7. bzw. 8 Klasse über denen der 9 und 10 Klasse. Wie angemerkt. steigen die Werte in der Oberstufe (18-19 jährige) wieder an.[61]

Des Weiteren zeigen sich deutlich Geschlechtsunterschiede: Jungen weisen sowohl in der Täter- als auch in der Opferrolle ein wesentlich höheres Beteiligungsniveau auf.

Schulberatungsstellen bestätigen die Hypothese, dass Jungen häufiger physische Gewalt anwenden oder Mitschüler offen "fertigmachen", während Mädchen eher subtile Formen anwenden. (Täter wie Opfer sind in der Beratung häufiger weiblich - dies kann aber auch mit der Tatsache erklärt werden, dass es Mädchen leichter fällt, sich mit dem Thema zu konfrontieren.)

Ferner wird in den Studien bestätigt, dass es den Lehrkräften schwer fällt den Überblick zu behalten und zwischen „Rauferein“ unter Gleichaltrigen und bedrohlichen Bullying-Situationen differenzieren zu können. Selbst erfahrene Erzieher tun sich schwer die Vorkommnisse richtig zu interpretieren. Ein Problem für Lehrer und Erzieher ist auch, Raum geben zu müssen, um den Opfern Gelegenheit zu geben sich zur Wehr zu setzen um so eigene Strategien entwickeln zu lernen.

---

[60] siehe Asendorpf, J.B., Psychologie der Persönlichkeit, Berlin 1999; erwähnt nach Heimgärtner, Isabell, Gewalt in der Schule, Seminararbeit, Römerberg 2002 Seite 6

[61] siehe Medienpädagogischer Forschungsverband Südwest, a.a.O. Seite 38

Die Ergebnisse zeigen auch, dass man zwischen zwei Gruppen in der Schülerschaft unterscheiden muss: zwischen solchen Schülern, die noch nie in eine gewalttätige Auseinandersetzung verwickelt waren (ca. 60 –70%) und solchen, die aggressive Opfer-Täter-Beziehungen erleben.

4.1. Schüler als Opfer und Täter

4.1.1. Charakteristika der Opfer

4.1.1.1 Ein Porträt

Harry ist ein stiller und empfindsamer Junge. In der Grundschule fiel er durch seine starke Nervosität und Unsicherheit auf. Die Brille, welche er tragen musste, setzte er in der Schule nicht auf, um so nicht zum Gespött seiner Klassenkameraden zu werden. Gleichzeitig kann er es nicht verhindern, dass er wegen seiner inneren Unruhe, welche sich im Außen durch unkontrollierte Sprache äußert verspottet wird. Einige Jungs fangen an zu lachen und ahmten seine Sprachprobleme nach, wenn er etwas zu sagen hat. Nach einiger Zeit wird Harry auch auf dem Schulhof körperlich angegriffen. Da er sich nicht zu wehren weiß, unkontrollierte Abwehrbewegungen von sich gibt und schnell zu weinen beginnt, finden einige seiner Mitschüler Spaß daran, ihn bewusst zu schlagen. Harrys Eltern, denen er davon erzählte, unterrichten die Eltern der betroffenen Kinder hiervon. Harry erfährt nun in der Schule eine Art Strafgericht, bei dem er als Vergeltung für sein Reden getreten und geschlagen wird. Die Quälereinen in der Schule in Form von Schlägen und erniedrigenden Handlungen nehmen zu. Harry hat kaum noch Hunger, erbricht nach dem Essen und verliert immer weiter an Körpergewicht.

Nach dem Schulwechsel zur Realschule scheint kurzfristig Ruhe in Harrys Leben eingekehrt zu sein. Doch die Klassenkameraden welche den Schulwechsel mit ihm vollzogen haben, und zuvor nicht primär zu seinen Peinigern gehörten, bringen den „Virus“ mit in die neue Schule. Aufgrund seiner Schneidezähne, die in dem abgemagerten Gesicht des Jungen noch größer wirken wird er von nun an nur noch „Karnickel“ gerufen. Sind dies zu Anfang nur wenige, die ihn so nennen, so wird er in der

Folge von allen so genannt. Auf dem Schulweg lauert man ihm auf, tritt nach seinem Fahrrad. Wenn es Harry nicht gelingt zu entfliehen, nimmt man ihn in den „Schwitzkasten“, schlägt ihn in den Magen. Besonders häufig muss Harry das „Muckireiten“ über sich ergehen lassen, bei dem der Täter, seine Knie auf die Oberarme des Opfers drückt während er dessen Hände fest am Boden hält. Dann beginnt er die Knie hin und her zu bewegen, was beim dem Opfer sehr starke Schmerzen auslöst und erniedrigend ist. Ebenso gehören Tritte mit dem Knie in die Genitalien zu den Grausamkeiten welche Harry erlebt. In der Schule selbst werden seine Bücher und Hefte vom Tisch gefegt und über den Fußboden zerstreut. Ebenso werden ihm persönliche Dinge, wie die Schultasche entwendet und versteckt; seine Schreibutensilien werden zerbrochen, oder es wird mit Dingen nach ihm geworfen. Wenn er auf die Fragen des Lehrers oder der Lehrerin antwortet wird laut und hässlich gelacht.
Oft begnügt man sich damit ihn über den Schulhof zu jagen, ihn hämisch anzugrinsen und ihn in verächtlichem Ton „Karnickel“ zu nennen. Immer wieder hört Harry die Botschaft: „wenn du was sagst, dann schlagen wir dich tot“. Es geschieht, dass er an einem schulfreien Nachmittag „eingefangen“, und für Stunden in einem Schuppen eingesperrt wird. Erst am frühen Abend lässt man ihn wieder frei.

Harry zieht sich während dieser Zeit immer mehr in sich zurück. Er sitzt in der Schule ausdruckslos an seinem Tisch und erwartet den nächsten Angriff. Er ist leicht erschreckt und es überkommt ihn häufig eine Übelkeit, besonders wenn er an den Schweißgeruch einer seiner Peiniger denkt, die ihn in dem „Schwitzkasten“ gehalten haben.

Harry entwickelt immer neue Strategien um seinen Peinigern zu entkommen. So benutzt er jeden Morgen einen anderen Weg zur Schule; er nimmt lange Umwege in Kauf, kalkuliert Verspätungen ein, nur um den

Angriffen zu entfliehen. Klassenfahrten werden zu einer Tortour für ihn.

Harry erfährt von den Lehrern und Lehrerinnen keine Hilfe. Er denkt, dass sie von all dem nichts mitbekommen haben. Lediglich einige ältere Schüler gehen einmal dazwischen, als Harry auf dem Schulhof am Boden liegt, und man auf ihn eintritt. Seine Schulleistungen lassen nach; er macht kaum noch Hausaufgaben. Richtige Freunde hat Harry in der Klasse nicht. Er unterscheidet zwischen den Mitschülern welche eine Bedrohung für ihn bedeuten, und denen welche ihn in Ruhe lassen.

Mädchen, für die sich Harry seit Neustem interessiert, bleiben für ihn unerreichbar; diese haben nur Augen für seine Peiniger, scheint es Harry.

Seinen Eltern erzählt Harry von all dem nichts. Vielmehr sorgt er sogar dafür, dass diese von den Attacken gegen ihn nichts mitbekommen. Ist er mit seinen Eltern unterwegs und trifft auf Mitschüler, so gelingt es ihm immer seine Eltern an einen anderen Platz zu lotsen, nur damit sie nicht hören müssen, dass er als „Karnickel“ bezeichnet wird. Harry fühlt sich von der Welt seiner Eltern abgespalten. Nachts liegt er lange wach, kann nicht einschlafen, Er weint und in seinem Kopf kreisen die Gedanken, die nach einem Ausweg suchen. Er denkt an Selbstmord, verwirft dies jedoch immer wieder, da er weiß dass er dies seinen Eltern nicht antun kann.
Harry ist verzweifelt, er glaubt: „ich bin hässlich und wertlos; es gibt keinen Ausweg für mich, ich muss es ertragen“, „die Welt ist ungerecht“.

4.1.1.2 Opfer sein – mögliche Anzeichen

Nach Olweus weisen Opfer von Bullying häufig mindestens eines oder mehrere der im Folgenden genannten Merkmale und Verhaltensweisen auf. Er unterscheidet diese Merkmale in primäre und sekundäre Anzeichen.[62]

Primärzeichen umfassen die Situationen in denen sich Opfer und Täter jeweils gerade befinden. Schüler die unter Bullying leiden werden von anderen bedroht, gehänselt, beschimpft, eingeschüchtert, lächerlich gemacht, tyrannisiert und unterdrückt. Oft werden sie in Konflikte verwickelt aus denen sie sich nur schwer befreien können. Die Beschädigung von Eigentum, wie Schulbüchern oder Kleidung sowie das Aufweisen von Verletzungen können Aufschluss darüber geben, dass ein Kind in der Schule Opfer von Gewalt wird.[63]

Bullying tritt hauptsächlich in der Form von Diskriminierung und direkter verbaler Aggression auf. Später folgen körperliche Angriffe sowie Verleumdungen. Seltener hingegen werden Beschädigungen von Eigentum oder Isolierung aus der Gruppe angewandt.

Sekundärzeichen implizieren dagegen eher die Merkmale und Verhaltensweisen, die darauf hinweisen können, dass ein Kind Opfer ist. Diese sind im Allgemeinen personenimmanent und können sich sowohl in der Schule als auch im Familienleben zeigen (häufige Bauchschmerzen, Übelkeit, Unruhe, Schulvermeidungssymtome). Sie allein sind allerdings kein Hinweis auf das Vorhandensein von Bullyingprozessen.

Nach der Langzeitstudie von Olweus können Schüler, die Opfer geworden sind, im Allgemeinen als vorsichtig, empfindsam, gefühlvoll und zurückgezogen beschrieben werden. In Situationen in denen sie von anderen angegrif-

---

[62] siehe ebenda Seite 61 ff
[63] siehe ebenda Seite 61 ff

fen werden, setzen sie sich nicht oder nur selten zur Wehr und stellen somit für die Täter ein leichtes Ziel dar.[64]

Nicht selten, und vornehmlich gerade bei Jungen, sind sie schwächer als ihre Angreifer und haben Angst davor, von anderen angegriffen oder bedroht zu werden. Opfer machen sich häufig selbst für ihre Situation verantwortlich. Sie haben meist ein negatives Selbstbild und wenig Selbstbewusstsein und erleben sich als uninteressant und nutzlos. Zu Erwachsenen haben Opfer meist ein besseres Verhältnis als zu Gleichaltrigen und haben somit auch Schwierigkeiten sich mit diesen auseinander zu setzen oder sich durchzusetzen.

In ihren schulischen Leistungen ließen sich keine oder kaum Besonderheiten aufweisen. In einigen Fällen jedoch, konnte herausgefunden werden, dass Opfer oft die Lust an schulischer Arbeit verlieren oder neben ihrer Opferrolle, und den daraus resultierenden Folgen, keine „Zeit" finden, sich mit Schularbeiten zu beschäftigen. Die Folge hiervon kann dann die Verschlechterung der Zensuren sein.[65]

In der Klasse sind sie oft allein und suchen in den Pausen den Kontakt zu Lehrern oder anderen Erwachsenen, um sich vor Angriffen sicher zu fühlen. Auf Grund des mangelnden Selbstwertgefühls haben sie Schwierigkeiten vor Gleichaltrigen zu sprechen, wirken oft melancholisch und unglücklich und nervös.

Schüler die Bullying ausgesetzt sind verbringen viel Zeit zu Hause, bekommen selten oder nie Besuch von Klassenkameraden und wirken verstört und ängstlich, wenn sie morgens zur Schule müssen.

---

[64] siehe ebenda

[65] siehe ebenda Seite 64

Allerdings fand Olweus in seinen Studien über Gewalt an Schulen heraus, dass die Opfer äußerlich keine anderen Besonderheiten aufweisen, als Kinder im Allgemeinen. Zwar benutzten die Täter bei den Befragungen die Auffälligkeiten der Opfer, wie z.B. das Tragen einer Brille, Übergewichtigkeit oder Haarfarbe, als Grund für die Gewalthandlung, jedoch zeigen die Erhebungen von Olweus, dass 75% der ,,Kontrollgruppe" ebensolche Auffälligkeiten besitzen und somit ebenfalls Opfer sein müssten, was jedoch nicht zutraf.[66] Demnach spielen äußerliche Abweichungen eine viel geringere Rolle, als allgemein angenommen wird.

In der Literatur werden Opfer in zwei verschiedene Gruppen unterteilt, die im Folgenden beschrieben werden sollen.

4.1.1.3 Das passive Opfer

Zu dieser Gruppe gehören sehr ruhige, schüchterne und ängstliche Kinder, die möglicherweise schon von Geburt an sehr sensibel gewesen sind. Sie reagieren auf viele Situationen extrem empfindsam und vorsichtig. Passive Opfer stellen für ihre Täter ,,leichte Beute" dar, da sie vor den Angriffen (ob verbal oder nonverbal) fast immer zurückweichen oder zu weinen beginnen, was für den Täter eine neue Angriffsfläche darstellt.[67]

In der Klassengemeinschaft sind sie meist allein und haben kaum oder keine Freunde. Ihre negative Einstellung zu gewalttätigen Handlungen, unaufdringliches, zurückgezogenes oder schüchternes Verhalten verkörpert für die Täter eine Herausforderung.

[66] siehe ebenda Seite 39 f
[67] siehe ebenda Seite 42 f

Wenig Selbstvertrauen und ein negatives Selbstbild sind weitere Eigenschaften, die sich bei diesem Opfertyp feststellen lassen.[68]

4.1.1.4 Das provokative Opfer

Ein weiterer Opfertyp sind die provozierenden oder herausfordernden Opfer, die sich durch Ängstlichkeit und aggressives Verhalten kennzeichnen. Die Tätergruppe die am „Bullying" dieser Schüler beteiligt ist, kann eine große Gruppe oder sogar die ganze Klasse sein. Häufig auftretende Konzentrationsschwierigkeiten, provozierendes und/oder störendes Verhalten, welches auch durch Hyperaktivität ausgelöst sein kann, bedingt bei den Mitschülern Spannungen und Konflikte. Wie auch bei den passiven Opfern, können provokative Opfer körperlich schwächer sein als die Täter.[69]

Sowohl auf Angriffe von anderen, als auch in alltäglichen Situationen reagieren sie oft cholerisch, aggressiv oder mit verbalen Ausbrüchen (z.B. Schimpfwörter). Im schulischen sowie im sonstigen Alltag sind sie häufig unkonzentriert, hektisch, offensiv und allgemein missbilligt.[70]

4.1.2 Familiäre Bedingungen des Opfers

In der Regel haben Opfer eine sehr enge und positive Beziehung zu ihren Familienmitgliedern. Jungen, die in die Opferrolle fallen, haben besonders zur Mutter ein vertraulicheres Verhältnis, als Kinder im Allgemeinen. Jedoch

[68] siehe ebenda Seite 63
[69] siehe ebenda Seite 64
[70] siehe ebenda

konnte festgestellt werden, dass Opfer in ihrer Familie häufig Konflikte mit Geschwistern erleben, widersprüchliche Strafen erfahren und vor allem überbehütet sind.[71]

Wird ein Kind von seinen Eltern oder von einem Elternteil zu stark beschützt und überbehütet oder ist es aus Sorge der Eltern in seiner Freiheit stark eingeschränkt, kann es ihm in der Klassengemeinschaft schwer fallen, mit Gleichaltrigen auszukommen oder sich bei diesen durchzusetzen.

Im Allgemeinen ist es schwer, spezielle Erziehungsbedingungen zu benennen, die ein Kind zum Opfer machen. Alle Menschen können in die Opferrolle geraten, ebenso wie ein jeder zum Täter werden kann. Es ist jedoch wichtig, dass ein Kind lernt, sich selbst durchzusetzen und seine Wünsche und Gefühle zu äußern. Eltern sollten versuchen, ihr Kind zu starkem Selbstwertgefühl und altersgerechter Unabhängigkeit zu befähigen.

4.1.3 Geschlechtsspezifische Unterschiede der Opfer

Sowohl Jungen als auch Mädchen werden in der Schule Opfer von Bullying. Jedoch sind Jungen eher die Opfer von körperlicher Gewalt, leiden aber ebenso wie Mädchen stärker unter verbalen, diskreter stattfindenden Angriffen.

Werden Mädchen zu Opfern von Mitschülerinnen, geschieht dies meist durch ignorieren, ausgrenzen oder missachten. Meinungsunterschiede oder

[71] siehe ebenda Seite 42 f

Nichtanpassung an andere sind oftmals die Gründe für diese Art von Ausschluss aus der Gruppe.[72]

Olweus kommt durch seine Forschungen zu dem Ergebnis, dass Jungen häufiger die Opfer von gewalttätigem Handeln in der Schule sind. Sie sind einer offeneren und direkteren Art von Gewalt ausgesetzt als Mädchen. Das folgende Diagramm stellt die Opferhäufigkeit von Jungen und Mädchen dar.[73]

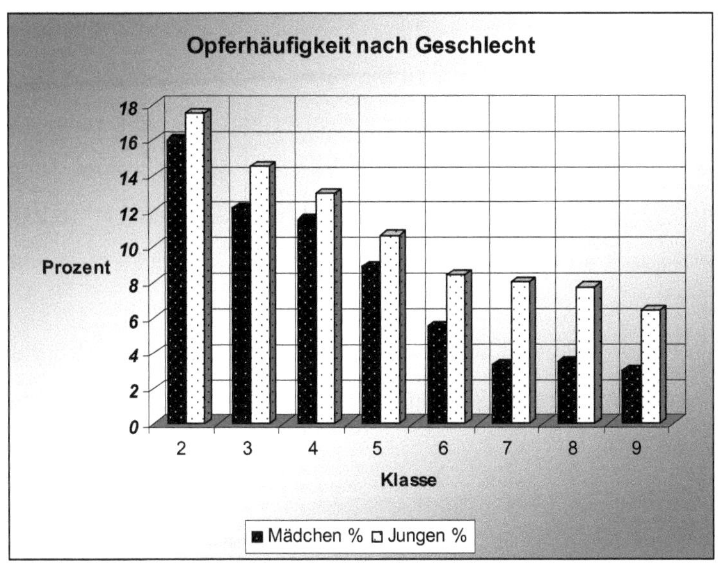

Klasse	2	3	4	5	6	7	8	9
Jungen %	17,5	14,5	13,0	10,6	8,4	8,0	7,7	6,4
Mädchen%	16,0	12,2	11,5	8,94	5,5	3,3	3,5	3,0

Diagramm über Opferhäufigkeit von Jungen und Mädchen nach Olweus, 1995

[72] siehe ebenda Seite 29 f

[73] Albrecht, Silke, Schüler als Täter und Opfer von Mobbing in der Schule, Referat, Braunschweig 2000 Seite 8

4.2. Schüler als Täter / Bullies

4.2.1. Charakteristika der Täter

4.2.1.1 Ein Porträt

Thomas ist 13 Jahre alt, besucht die 7te Klasse einer Gesamtschule. Er ist seinen Klassenkameraden körperlich weit überlegen. Er ist groß und stämmig, den Lehrern als harter, aggressiver Junge bekannt. In der Klasse zeigt er sich als der Boss, der den anderen sagt wo es lang geht. Er greift andere Kinder verbal und körperlich an, unterdrückt sie so lange bis sie seinem Willen folgen. Auch gegenüber Lehrern zeigt er sich häufig unverschämt und widerspenstig. Zu seinen ständigen Begleitern gehören zwei Jungen, die ausschließlich Thomas Willen folgen, ihn häufig abschirmen und sich aktiv daran beteiligen, andere Kinder zu schlagen oder verbal zu demütigen.

Wenn ein Lehrer Thomas auf sein Verhalten anspricht gelingt es ihm immer sich dadurch herauszureden, das er die Schuld auf seine Opfer oder andere Kinder schiebt.

Thomas Vater ist ein erfolgreicher Geschäftsmann, der mit Macht seine geschäftlichen Interessen verfolgt. Zu Hause spricht er oft abfällig über seine Mitarbeiter und Kunden. Thomas Mutter, welche sich ihrem Mann gegenüber unterwürfig zeigt, arbeitet im dem Unternehmen ihres Mannes mit.
Thomas ist tagsüber häufig auf sich allein gestellt, erhält von seinen Eltern –als Ausgleich- immer die neuste, teuerste Mode, das neuste Handy und dergleichen mehr. Thomas zeigt sich mit diesen Dingen gern in der Schule.

Ein Versuch der Lehrer mit den Eltern über Thomas Verhalten zu sprechen scheiterte, da Thomas Vater, das Verhalten seines Sohnes für gut heißt. „Jungs sind Jungs und wer sich nicht durchzusetzen versteht, kommt nicht weit im Leben“, ist seine Antwort.

4.2.1.2 Gewalttäter sein – mögliche Anzeichen

Schüler als Täter von Bullying verhalten sich generell aggressiver und weniger ängstlich als andere Schüler. Körperlich ist der Täter meist wesentlich stärker als seine Mitschüler, er hat ein starkes Selbstwertgefühl und benutzt Drohungen und Einschüchterungen um seine Opfer zu unterdrücken und sich durchzusetzen.[74]

Er ist impulsiv, schnell gereizt und aufbrausend. Auch gegenüber Erwachsenen zeigt er aggressives, misstrauisches Verhalten, entgegnet diesen mit Widerstand und ruft auch in ihnen gelegentlich Furcht hervor.

Bullies besitzen häufig gute verbale Fähigkeiten, stellen sich nach außen immer selbstsicher und stark dar und haben eine positive Einstellung zu sich selbst. In der Beziehung zu anderen streben sie ständig danach, dominant und überlegen zu sein. Sie haben eine bejahende Auffassung zu Gewalt und empfinden kein Mitleid für ihre Opfer. Die allgemein verbreitete Auffassung, dass hinter einer ,,rauen Schale ein weicher Kern" steckt, also die Gewalttäter eigentlich ebenfalls unsicher und ängstlich sind, konnte sich durch Olweus Untersuchungen nicht bestätigen.[75]

In der Klasse sind Täter durchschnittlich beliebt, jedoch ist zu beobachten, dass sie sich überwiegend in einer Gruppe von Gleichaltrigen aufhalten, in der sie eine Art ,,Anführer oder Boss" sind.

[74] siehe Olweus, Dan, a.a.O. Seite 44 f
[75] siehe ebenda Seite 44 f

Die hier aufgezeigten Merkmale, sind die Ergebnisse einzelner Studien die sich mit dieser Frage auseinandersetzten, können jedoch nicht als allgemeingültig bezeichnet werden. Sie zeigen lediglich die aufgetretene Häufigkeit der hier genannten Merkmale auf. Somit kann auch ein Schwächerer gelegentlich zum Täter von Gewaltausübung werden.

4.2.2 Täterverhalten in der Gruppe

Aggressive Schüler schließen sich häufig bereits bestehenden Gruppen an, die ein abweichendes Verhalten aufweisen oder sie verbinden sich mit Mitschülern, die ebenfalls diese Handlungsweisen aufzeigen. Diese meist kleine Gruppe von 3-4 Personen, ist für jeden ihrer Mitglieder wichtiger als die Beliebtheit in der Klasse, da sie sich in dieser Gemeinschaft gegenseitig bewundern, anerkennen und voneinander lernen.[76]

Den autoritativen Teil beim Bullying stellen die Mitläufer dar, welche zwar an den Gewalttaten beteiligt sind, jedoch selten die Initiative ergreifen. Diese Gruppe der passiven Gewalttäter, wie Olweus sie bezeichnet, kann sehr mannigfaltig sein. Das heißt, sie kann sich sowohl aus schüchternen und ängstlichen Kindern, sowie aus aggressiven und selbstständigen Kindern zusammensetzten. Die Gruppe der aktiven Täter dagegen ist recht klein. Nach Olweus werden Mitläufer nur zu Tätern, da sie Angst haben, durch Nichtbeteiligung an den Angriffen oder durch Eingreifen in solche Situationen, eventuell selbst zum Opfer zu werden.[77]

---

[76] siehe ebenda Seite 51
[77] siehe ebenda Seite 52

4.2.3 Familiäre und fördernde Erziehungsbedingungen

Die Milieukomponente spielt eine signifikante Rolle bei der Ausbildung aggressiven Verhaltens.

Im Allgemeinen haben aggressive Kinder ein Defizit an emotionaler Wärme, Befriedigung der affektiven Bedürfnisse und elterlicher Zuwendung. Der Erziehungsstil der Eltern ist gekennzeichnet durch Freizügigkeit, geringe Grenzsetzung, seltene Sanktionen auf aggressives Verhalten oder andere Normverstöße, geringer Zusammenhalt sowie ein prägnantes Machtgefüge. Eventuelle Sanktionen bestehen oft aus körperlicher oder verbaler Gewalt. Häufig ist auch ein disharmonisches Verhältnis der Eltern untereinander und unter den Geschwistern zu beobachten, welches auch zu aggressiver und nonkonformistischer Konfliktaustragung führen kann.[78]

Die hier genannten Erziehungsbedingungen wirken jedoch nicht zwingend aggressionfördernd, es besteht lediglich ein höheres Risiko, dass Kinder, die unter diesen Bedingungen aufwachsen, aggressiv werden.

4.2.4 Geschlechtsspezifische Unterschiede der Täter

Gewalttätige gibt es unter Jungen sowie unter Mädchen, und die angewandten Strategien sind vergleichbar.

Bullyingprozesse können in mittelbare und unmittelbare Gewalt unterteilt werden. Mädchen agieren zum großen Teil passiv, d.h. sie schikanieren ihre Opfer auf psychologischer Ebene. Im Gegensatz dazu greifen Jungen eher zu körperlichen Repressalien und somatischer Gewalt, sie agieren also aktiv. Bullying-Mädchen verwenden eher weniger deutliche, vielmehr tückische

[78] siehe ebenda Seite 48 f

und hinterhältigere Methoden um ihre Opfer zu schikanieren, die überwiegend ebenfalls Mädchen sind. Aus diesem Grund ist das gewalttätige Handeln von Mädchen nicht so offensichtlich zu beobachten wie das von Jungen. Eine besonders beliebte Methode dafür ist z.B. die negative Nachrede oder die Verbreitung von Gerüchten.[79]

Das folgende Diagramm zeigt, dass die männlichen Mitschüler einen Großteil der Gewalt ausüben, die an Schulen angewendet wird. Jungen sind somit häufiger Täter von Gewalttaten.[80]

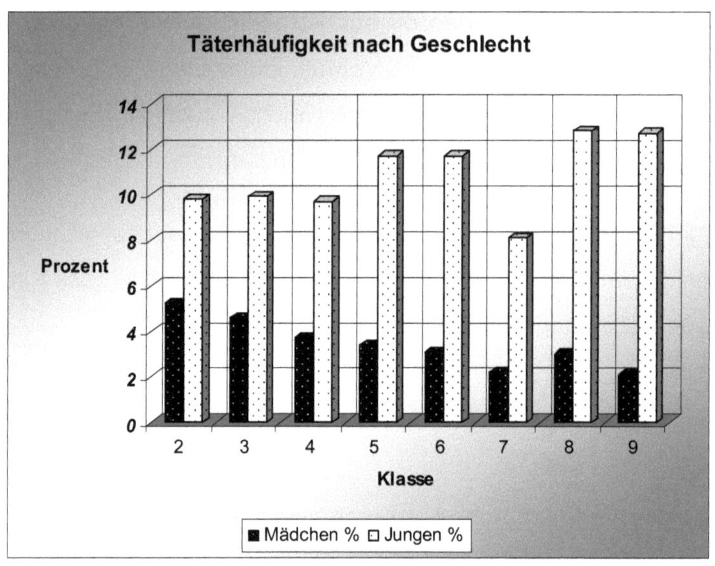

Klasse	2	3	4	5	6	7	8	9
Jungen %	9,8	9,9	9,7	11,7	11,7	8,1	12,8	12,7
Mädchen%	5,2	4,6	3,7	3,4	3,1	2,2	3	2,1

Diagramm über Täterhäufigkeit bei Jungen und Mädchen, nach Olweus 1995

[79] siehe ebenda Seite 30
[80] ebenda Seite 30

Olweus stellte durch die Bergen-Studie fest, „...dass Jungen einen großen Teil der Gewalt ausüben, der Mädchen ausgesetzt waren."[81] Jedoch konnte weiterhin herausgefunden werden, dass die Täter die Bullying gegen Jungen betrieben, ebenfalls männliche Mitschüler waren. [82]

Die Ergebnisse dieser Studien ergaben weiter, dass zu einem größeren Teil Jungs die Täter von psychischer Gewalt sind, allerdings sind Gewalttaten weiblicher Schüler bisher weniger untersucht worden und deren kennzeichnende Attribute weniger bekannt.

Lagerspetzt, Björkquist, Berts und Kings reagierten auf die Untersuchungen von Olweus 1978 mit einer erneuten Studie über Gewalt an Schulen und stießen darauf, dass sich bereits nach dieser kurzen Zeit der Anteil der Mädchen, die an Bullyingprozessen beteiligt waren erheblich erhöht hat oder dies in den Studien von Olweus nicht genügend berücksichtigt wurde.[83]

[81] Olweus, Dan, a.a.O. Seite 29
[82] siehe ebenda Seite 30
[83] siehe Lagerspetzt u.a., erwähnt nach Albrecht, Silke, a.a.O. Seite11

4.3 Gewalt in der Schule- auch von und gegen Lehrer

Schüler die Opfer von Lehrern sind, werden von diesen gequält, genötigt oder bedroht. Die Schüler empfinden diese Lehrer als selbstherrlich, ironisch oder zynisch; sie fühlen sich überfordert, gelangweilt oder vernachlässigt.[84]

Da Kinder und Jugendliche oft psychisch noch nicht stabil genug sind um Angriffen von Lehrern entgegenzuwirken, mündet dies meist in Opportunismus, Aggression oder psychosomatische Beschwerden.

Durch die oben genannten Handlungen können bei den Schülern des weiteren Folgen wie Lernabneigung, Destruktion und ein negatives Selbstbild auftreten, die schwer wieder zu beheben sind.

In Situationen wie diesen kommt es auf Seiten der Schüler, wie der der Eltern, zu Frustration und Enttäuschung, jedoch selten (wenn, dann meist von männlichen Mitschülern) zu Widerspruch und Auflehnung gegen die für diese Situation Verantwortlichen, nämlich gegen die Lehrer.[85]

Der Grund aus dem Lehrer zu Tätern werden, findet sich wie auch bei den ,,Schülertätern" nur bedingt in der Gestalt der Opfer, sondern in der Persönlichkeit des Lehrers, in seiner persönlichen Unzufriedenheit, erzieherischen Unfähigkeit oder seinen privaten Problemen.[86]

In den meisten empirischen Untersuchungen zum Thema Gewalt an Schulen wird fast ausnahmslos über Gewalt von Schülern geforscht. Inwieweit Schüler Opfer von Lehrern werden blieb in der Regel bisher nicht hinterfragt. Eine Ausnahme hiervon bildet eine Untersuchung die in Österreich durchgeführt wurde und sich mit der Gewaltausübung von der Seite der Lehrkräfte beschäftigt. Im Rahmen dieser Untersuchung wurde eine repräsentative

[84] siehe Albrecht, Silke, a.a.O. Seite 7
[85] siehe Heimgärtner, Isabell, a.a.O. Seite 8 f
[86] siehe ebenda

Stichprobe von rund 10.000 Schülern aller Schularten der 7. und 8. Klasse, sowie der Abschlussklassen 10, 11, 12 der verschiedenen weiterführenden Schulen vorgenommen. Die Schüler wurden befragt, inwieweit sie selbst Opfer von Gewalt durch Schüler und durch Lehrer wurden, wie häufig sie selbst als Täter agierten und wie häufig sie Gewaltvorkommnisse beobachten konnten. Die Ergebnisse besagen, dass sich Schüler aller Klassenstufen häufiger als Opfer von Lehrerangriffen als von Schülerangriffen erlebten; die älteren Schüler beträchtlich häufiger als die jüngeren. Die „Beobachter" schreiben ebenfalls, dass Lehrer häufiger als Mitschüler beschimpfen, beleidigen, ärgern und bloßstellen. Schließlich sagten Schüler von sich, dass sie Lehrer seltener angreifen würden, als sie von Lehrern selbst attackiert würden. Diese Befunde bestätigen deutlich die vermutete Einseitigkeit der Darstellung von Gewalt an Schulen. Auch wenn einige Kritiker den Einwand einbringen, dass die Erscheinungsformen von Gewalt von Schülern und Lehrern grundsätzlich unterschiedlich sind, heißt das nicht, dass das Ausmaß an erlebter Kränkung ebenfalls zwangsläufig unterschiedlich sein muss. Die Ergebnisse lassen sich wie folgt zusammenfassen: 58% der Siebt- und Achtklässler geben an, dass ihnen Kränkungen durch Lehrer „ebensoviel" oder „eher mehr" Kummer bereiten bzw. „mehr belasten" als Kränkungen von Mitschülern. Bei den Schülern der 11. Klassen sind es sogar 73%. Daraus lässt sich schließen, dass der Mehrzahl der Schüler von Lehrern ebensoviel Kummer bereitet wird, wie ihn sich Schüler untereinander mit ihren Gewalthandlungen zufügen.[87] Diese Zahlen deuten daraufhin, dass viele Lehrer, die ihnen zugesprochene Erziehungsmacht missbrauchen. Auch wenn die Handlung eines Lehrers eine Reaktion auf einen Angriff, eine Unverschämtheit oder „Herausforderung" des Schülers ist, muss die erlebte Verletztheit des Schülers akzeptiert werden. Sie ist außerdem ein Ausdruck dafür, dass es dem Lehrer nicht gelungen ist, dem Schüler klar zu machen, dass er auf eine Normverletzung des Schülers berechtigt mit „Gewalt" reagiert hat.

[87] siehe ebenda Seite 8 f

Wenn das Verhalten eines Lehrers jedoch bewirkt, dass sich ein Schüler abgelehnt erlebt, er selbst als Lehrer immer unbeliebter wird, Abneigung gegen sein Fach entsteht oder wächst, und gar Angst und Entmutigung und dadurch die Selbstunsicherheit eines Schülers sich vergrößert, dann hat er die Aufgabe eines Pädagogen in keinem Falle erfüllt, sondern „pädagogisch unakzeptabel“ gehandelt.[88]

Bernd ist 12 Jahre alt und besucht die 6te Klasse eines Gymnasiums. Bernd ist ein strebsamer Schüler mit guten Noten. Der Wechsel in das Gymnasium fiel ihm leicht. Besonderes Interesse fand er an den Fremdsprachen. In der 6ten Klasse bekommt er eine neue Lehrerin im Fach Englisch. Bernd hat den Eindruck, dass die Lehrerin ihn nicht mag. Fehler ahndet sie mit spöttischen Bemerkungen vor der Klasse. Bernd verliert immer mehr die Lust an der neuen Sprache. In der Bewertung der Klassenarbeiten fühlt sich Bernd von seiner Lehrerin ungerecht behandelt, da ihm Fehler angestrichen werden, die bei seinen Klassenkameraden durchgehen. Immer häufiger erlebt sich Bernd, von seiner Lehrerin „vorgeführt“, indem sie ihn Fragen stellt, welche er nicht korrekt beantworten kann. In dem Zeugnis der 6ten Klasse erhält Bernd in Englisch eine 5. Bernd fühlt sich von seiner Lehrerin abgelehnt,

Bernd entwickelt in dieser Situation für sich den Glaubenssatz „die Welt ist ungerecht; ich werde es allen zeigen.“

Das Lehrer Opfer von Schülern wurden kam in den frühen Studien nicht zum Ausdruck. Selbstverständlich gab es immer Fälle, in denen sich Schüler Lehrern gegenüber abfällig, demütigend äußerten und provozierend begegneten, jedoch waren dies eher Ausnahmen. In den Untersuchungen der 70iger, 80iger und 90iger Jahre finden sich keine Erhebungen zu diesem Thema.

[88] siehe ebenda Seite 9

In einer Umfrage der Gewerkschaft Erziehung und Wissenschaft, aus dem Jahr 2008, ergab sich jedoch, dass 8% der befragten Lehrer angaben, Opfer von Cyper-Mobbing geworden zu sein.[89] Weiter konnte jeder dritte der Befragten von Vorfällen im Bekannten-, Kollegenkreis, sowie aus der Schülerschaft zu berichten.[90] Die Täter waren zu 70% männlich und zu 88,2% zwischen 11 – 20 Jahren alt[91]. Es handelte sich somit überwiegend um Schüler welche ihre Lehrer per Internet, E-Mail oder Mobiltelefon Schaden zufügten. Erstaunlich erscheint in diesem Zusammenhang die Tatsache, dass auch von Cyper-Mobbing unter Kollegen oder von Vorgesetzten berichtet wird.[92]

---

[89] siehe GEW-Hauptvorstand, Cyper-Mobbing, Frankfurt/M. 2008, Seite 6
[90] siehe ebenda
[91] siehe ebenda
[92] siehe ebenda

5. Folgen des Bullying

5.1 Folgen für die Opfer

Auffällig ist vor allem die Stabilität der Opferrolle. Hat sich ein Opfer erst mal als solches „bewährt", bleibt es oft jahrelang in dieser Rolle verhaftet. Die Betroffenen unterdrücken und verdrängen ihre Ängste und Befürchtungen und sprechen nie und wenn, dann nur nebensächlich davon. Schließlich wird die Opferrolle zur „Gewohnheit", die Betroffenen resignieren und es entsteht eine Spirale aus Angst und Gewalt.[93]

Es zeigte sich jedoch, dass junge Erwachsene, die in ihrer Schulzeit Opfer gewesen sind, außerhalb der Schule nicht oder nur selten erneut betroffen waren.[94] Dennoch konnten bei ihnen als Folge des Bullyings in der Schulzeit Krankheiten und eine deutlich höhere Neigung zu depressiven Zuständen sowie ein schlechteres Selbstwertgefühl nachgewiesen werden.

Bullying erstreckt sich über einen längeren Zeitraum und setzt seine Opfer unter extremen Stress. Sie leiden an psychischen und physischen Folgen, die auch nach Jahren noch vorhanden sein können.

Stressoren sind Merkmale, die mit einer gewissen Wahrscheinlichkeit Stress auslösen. Unter Stress wird dabei ein aversiver, unangenehmer Spannungszustand verstanden. Ein sozialer Stressor ist in zwischenmenschlichen Beziehungen begründet. Es gilt allgemein als akzeptiert, dass Bullying substantiellen Stress verursacht und es zu kurz- und langfristigen Folgen kommen kann. [95]

Stressreaktionen (Coping-Strategien) finden auf physiologischer und auf psychischer Ebene statt. Physiologische Veränderungen in Folge von Stress

[93] siehe Olweus, Dan, a.a.O. Seite 52
[94] siehe ebenda Seite 38
[95] siehe Gruber, Elke, a.a.O. Seite 8 ff

sind u. a. erhöhter Blutdruck, Krankheitsanfälligkeit bis hin zu Erschöpfung und sogar Tod.[96] Auf psychischer Ebene findet man Veränderungen emotionaler Aspekte, wie z. B. Reizbarkeit, Ängstlichkeit, Wut, Mutlosigkeit und Depression.[97] Auf der Verhaltensebene kann eine Hemmung des Verhaltens (gelernte Hilflosigkeit oder Unbeweglichkeit) beobachtet werden.[98] Als Veränderungen kognitiver Art werden Störungen der Aufmerksamkeit, des Gedächtnisses, der Fähigkeit zur Urteilsbildung, bei Prozessen des Problemlösens und der Entscheidungsfindung angeführt (Zimbardo, 1992).[99] Darüber hinaus wird eine Vielzahl weiterer möglicher Symptome in der Literatur angegeben. Hierunter fallen Schulphobie, Essstörungen, Passivität, mangelnde Selbstsicherheit, Verbitterung, Trauer, Wut, Opportunismus, Unterwerfungsverhalten, Konformismus, Paranoia, Rechthaberei, Verleugnung der Realität, Verbissenheit, Rigidisierung (mangelnde Flexibilität).[100] Mögliche Persönlichkeitsstörungen und Probleme in sozialen Beziehungen im Erwachsenenalter, insbesondere wenn die Kinder bei der Viktimisierung sehr jung waren, werden ebenfalls angeführt. Aus der Mobbing-Forschung kommen folgende Symptombildungen hinzu: Müdigkeit, Orientierungslosigkeit, Schlafstörungen, Albträume, Sprachlosigkeit, Verzweiflung, Hypersensibilität, Kreisgedanken, Obsession, Selbstmord, Übelkeit, Erbrechen, Appetitlosigkeit, Zittern, Verdauungsprobleme, Rückenschmerzen, Herz-/Kreislaufprobleme, Atemnot, Schwindelgefühle, Schweißausbrüche, Suchterkrankung, Muskelschmerzen.[101]

Britische Forscher untersuchten den Zusammenhang von Stressreaktionen und Bullying. Sie erhoben Daten von circa 700 Schülern. Die aufgetretenen Bullying-Handlungen wurden auf einer Stressskala eingeschätzt. Die häufigsten Reaktionen auf Stress durch Bullying waren: Reizbarkeit, ein zuneh-

---

[96] siehe ebenda
[97] siehe ebenda
[98] siehe ebenda
[99] siehe ebenda
[100] siehe ebenda
[101] siehe ebenda Seite 8 ff

mendes Panikgefühl, wiederholte Erinnerungen an die Zwischenfälle und verminderte Konzentrationsfähigkeit. Mit zunehmender Dauer der Viktimisierung nahm auch die Höhe der Stresswerte zu. Die Stressskala korrelierte hoch positiv mit der Dauer (r=.8381; p=.000). Auch wenn direkte physische Angriffe als am aufregendsten angegeben wurden, so war der Zusammenhang zwischen sozialem Ausschluss und Symptombildung höher. Als Reaktionen auf beide Stressoren wurden in dieser Untersuchung Depression, geringer Selbstwert, Einsamkeit und Angst festgestellt.[102]

Die Untersuchung stellt fest, dass eine Mehrzahl an Schülern (58%) versucht, konstruktiv auf Bullying-Attacken zu reagieren. Sie entwickelt Strategien, um zukünftige Angriffe zu verhindern. Ein Teil der Kinder (31%) versucht den Vorfall zu vergessen und hofft, dass es nicht mehr passieren wird. Rund ein Viertel reagiert mit Ärger und immerhin 15% greifen daraufhin jemand anderen an; circa 13% zeigen als Folge einer auf sie selbst gerichteten Attacke autoaggressive Tendenzen. Die meisten Opfer meiden in der Folge die Täter. Mädchen und jüngere Schüler suchen signifikant öfter Unterstützung bei ihren Mitschülern; ältere Schüler wenden eher die Vermeidungsstrategie an.[103] Die Schüler verfügen über eine breite Palette an Coping-Strategien, welche in passive, aggressive und selbstbehauptende Vorgangsweisen zusammengefasst werden können. Die meisten wählen passives Verhalten, wie z. B. ignorieren, aus der Situation gehen oder das Bullying passiv zu akzeptieren. Ein weiterer großer Teil der Opfer wendet Selbstbehauptung an, ohne jedoch auf das aggressive Verhalten einzusteigen und ein kleinerer Teil beginnt, mit dem Täter zu kämpfen. Viele bringen den Täter dazu, sie alleine zu lassen, einige machen sich über das Bullying lustig und

[102] siehe ebenda
[103] siehe ebenda Seite 8 ff

nur wenige versuchen, ihre Gefühle bezüglich des Bullying mit den Angreifern zu diskutieren.[104]

Signifikant höhere Depressionshäufigkeiten und auch Suizid-Wünsche nach Bullying bestätigt auch eine finnische Forschergruppe. Interessant scheint hier, dass beide Gruppen, Opfer wie auch Täter erhöhte Depressionswerte aufweisen, wobei jene, die Opfer und Täter in einer Person sind, die höchsten Werte haben. Das zweithöchste Depressionsrisiko haben die Opfer und an dritter Stelle stehen die Täter. Die Messungen der Suizidgefährdung brachten wieder jene, die Opfer und Täter sind, an erster Stelle hervor, am zweitgefährdetsten sind jedoch die Täter und erst an dritter Stelle sind die Opfer zu reihen. [105]

Schikanierte Kinder sind, wie aus einer britischen Untersuchung hervorgeht, deutlich ängstlicher als ihre nicht viktimisierten Mitschüler.[106]

In einer Untersuchung die Anfang der 1990er-Jahre stattfand und an der über 2000 Kinder im Alter von 8 bis 11 Jahren teilnahmen wurden bei den viktimisierten Schülern erhöhte Häufigkeiten an folgenden Symptomen festgestellt: Schlafstörungen („nicht gut schlafen können"), vermehrte Kopfschmerzen, häufigere Bauchschmerzen sowie eine erhöhte Häufigkeit an Bettnässen.[107]

---

[104] siehe ebenda
[105] siehe ebenda
[106] siehe ebenda
[107] siehe Albrecht, Silke, a.a.O. Seite 6

5.2 Folgen für die Täter

Auch bei den Tätern lassen sich langfristig Folgen des Bullyings diagnostizieren, welche jedoch erst im Erwachsenenalter aufzuweisen sind. Sie laufen später Gefahr, mit dem Gesetz in Konflikt zu geraten. Olweus fand heraus, dass bei Schülern die in den oberen Klassenstufen Bullies (Täter) waren, im Erwachsenenalter eine 4 mal höhere Rate an Verurteilungen auf Grund von abweichendem und gewalttätigem Verhalten zu erkennen ist. Weiterhin besteht eine deutlich höhere Gefahr des Alkoholmissbrauchs.[108]

Schüler, die im Schulalltag gegenüber anderen aggressiv waren, tendieren auch im späteren Leben dazu, wieder gewalttätig aufzufallen. Jedoch muss auch hier wieder angemerkt werden, dass nicht jeder Täter zwangsläufig ein Täter bleibt.

Es sind ebenso Fälle bekannt, in denen der Täter durch verschiedene Umstände zum Opfer wird oder später ein ,,gewaltfreies Leben" führt.[109]

---

[108] siehe Olweus, Dan, a.a.O. Seite 45
[109] siehe ebenda

6. Überbehütete Kindheit –Begriff, Ursachen und Folgen

Im vorangegangenen Text wurde mehrfach darauf hingewiesen, dass Überbehütung eine Viktimisierung in der Schule begünstigt, Bullying aber auch zu einer Überbehütung führen kann. Im Folgenden soll sich mit dem Begriff der Überbehütung etwas näher auseinandersetzt und aufgezeigt werden, warum Überbehütung durch das Elternhaus in die schulische „Opferrolle“ führen kann (jedoch nicht unbedingt führen muss) und welchen weiteren Folgen dieser Erziehungsstil hat.

6.1 Versuch einer begrifflichen Annäherung

Der Duden für sinn- und artverwandte Worte weist unter dem Begriff „behüten“ folgende Synonyme auf: „beschützen, schützen, Schutz gewähren, verteidigen, decken, bewahren, beobachten, helfen, kümmern“.[110] Unter dem Begriff „hüten“ stößt man auf die Synonyme „beaufsichtigen, schonen“.[111] Assoziativ stellt sich das Bild eines Schäfers ein, der mit einem Hund an seiner Seite über eine Herde Schafe wacht; seinen Blick darauf richtet, das keines seiner Tiere Schaden geschieht.

Dieses Bild zeigt aber auch deutlich, das es sich in den Handlungen der beteiligten Personen um keine gleichberechtigten, gleichstarken Personen handelt. Die behütete Person ist schutzlos, hilflos, verletzbar und braucht die Hilfe des „Hüters“ um zu existieren und zu überleben; sie ist abhängig und befindet sich in einer komplementären Stellung in dieser Beziehung.

Säuglinge und Kleinkinder brauchen zum Überleben die Hilfe anderer Personen. Sie sind darauf angewiesen genährt und geschützt; mit anderen Worten behütet zu werden. Dies trifft natürlich auch auf das Kleinkind und auch den Jugendlichen zu, nur erlernt das Kind im Laufe seiner Entwicklung stän-

[110] DUDEN >Sinn- und sachverwandte Wörter<, 2 Auflage, Mannheim, Wien, Zürich 1986 Seite 100

[111] ebenda Seite 346

dig neue Fertigkeiten, sodass der Schutzbereich, die Notwendigkeit zu „behüten“ sich wandelt, verändert und mit der Zeit immer kleiner wird.
Passt sich der gewährte „Schutz“ nicht der Entwicklung des Kindes an, sondern verbleibt auf dem ursprünglichen umfassenderen Niveau, so kann man von „Überbehütung“ sprechen. Dem Kind werden damit Möglichkeiten genommen, sich altersgerecht zu entwickeln, Selbstvertrauen in sich und seine eigenen Leistungen zu finden. Stattdessen wird es unsicher, ängstlich, bleibt abhängig von dem Schutz der Eltern.[112] Beschränkende Glaubenssätze welche eine Opferhaltung implizieren, werden in diesem Erleben geprägt.

Martin R. Textor fasst den Begriff der Überbehütung wie folgt zusammen: „Hier ergreifen Eltern Besitz von ihren Kindern, lassen ihnen keine Freiräume und keine Privatsphäre, binden sie an sich und erdrücken sie mit ihrer übermäßigen Liebe. Sie sind überbesorgt und sehr fürsorglich, verstricken die Kinder in symbiotische Beziehungen und opfern sich für sie auf. In diesen Fällen bleiben die Kinder von ihren Eltern abhängig, können sich nicht weiterentwickeln oder regredieren. Sie können kein Selbst ausdifferenzieren, werden nicht selbständig und lösen sich nicht von ihren Eltern ab.“[113]

Rolf ist 44 Jahre alt und Angestellter einer Landesbehörde. Wir begegnen uns im Rahmen eines beruflichen Coachings, in dem es mein Auftrag ist, ihm in dem Prozess einer beruflichen Neuorientierung zur Seite zu stehen. Rolf ist Einzelkind und wurde von seinen Eltern überbehütet. Er ist nicht in der Lage für sich selbst Entscheidungen zu treffen. Seine Ausrichtung ist auf die Wohlfahrt der ihn umgebenden Menschen ausgerichtet. Rolf lebt im Haus seiner Eltern, für die er emotional sorgt. Rolf ist geschieden und wohnt mit einer Partnerin zusammen. Zwei frühere Beziehungen sind ge-

[112] siehe Textor, Martin R., Gestörte Familienstrukturen und –prozesse, 2. Auflage, Frankfurt/M. 1995 Seite 67
[113] ebenda Seite 76

scheitert. Rolf gibt an, in der Schulzeit und an seinem Arbeitsplatz gemobbt worden zu sein. Einzelheiten möchte er nicht berichten. Er hat Abitur, jedoch zog er die Möglichkeit eines Studiums für sich nie in Betracht, da er hierfür sein Elternhaus hätte verlassen müssen. Ebenso kommt für ihn eine überregionale Bewerbung zum gegenwärtigen Zeitpunkt, aus genau diesem Grund, nicht in Frage.

Für das Kind herrscht ein Klima von ständiger Präsenz der Bezugsperson, Unsicherheit, ängstlicher Beobachtung, vollständiger Aufmerksamkeit, grenzenloser (erdrückender) Nähe und Liebe.
Überbehütung kommt unter anderem in ständigen Ermahnungen wie „pass auf“ zum Ausdruck was zur vollkommenen Unsicherheit und ängstlichen Verhalten führt; bindet das Kind an die Bezugsperson, da kindgerechter Umgang (z.B. der Kindergartenbesuch) und entwicklungsgerechtes Lernen vermieden wird. Nähe und Liebe wird dem Kind nicht angetragen sondern aufgezwungen („komm nun gib mir doch mal einen Kuss, oder hast Du mich nicht mehr lieb“). Ein Entkommen ist für das Kind unmöglich da die Bezugsperson mit ihrem „Schutz“ und ihrer „Liebe“ ständig präsent ist.

Es stellt sich auch die Frage vor was das Kind entkommen soll? Gegen was es sich auflehnen soll? Bekommt es doch nur das, wonach sich doch alle Welt sehnt „Aufmerksamkeit“, „Schutz“ und „Liebe“. Ist es nicht genau das, was ein Kind in seiner Entwicklung braucht? Ja, nur in einem anderen Maß.

Es braucht den Schutz vor dem „Schutz“.

Florian ist 11 Jahre alt und besucht die 5te Klasse eine Gesamtschule. Florian ist ein interessiertes, etwas still und unsicher wirkendes Kind. Florians Eltern sind ängstlich und überfürsorglich. Gegen Ende des Schuljahres ist eine zweiwöchige Klassenfahrt in eine 50 km entfernt liegende Jugendherberge geplant. Nach einer Woche Abwesenheit der Klasse, besuchen Florians Eltern diesen in der Jugendherberge. Sie sind die einzigen Eltern, die ihr Kind besuchen. Florian ist dies peinlich, er spürt intuitiv, dass hier „etwas nicht stimmt". Er weiß nicht wie er hierauf angemessen reagieren soll. Ihm ist es nicht möglich Grenzen zu setzen. Er fühlt sich äußerst unwohl, gleichzeitig verpflichtet die Peinlichkeit der Situation zu ertragen um seinen Eltern nicht weh zu tun.

Und dies ist das Dilemma an dieser Situation. „Es ist, als ob man bei jedem Atemzug (den man zum Leben braucht) die Luft mit einem Kompressor eingeblasen bekäme", formuliert es ein Betroffener. Die notwendige Konsequenz hieraus ist, die Zufuhr an Luft zu kontrollieren, dem Atem nur noch vorsichtig evtl. in flachen, schnell aufeinander folgenden Zügen in sich aufzunehmen. Aber entspricht dies dem Atem eines freien Menschen? Wie viel Aufmerksamkeit und Energie gehen hierfür verloren? – aber genau das ist es was ein überbehütetes Kind tut. Es legt sich Strategien zu, um mit dieser Situation zu Recht zu kommen, bildet Glaubenssätze über sich und die Welt heraus, die es hilf- und schutzlos, in einer gefährlichen Welt sehen.

Jahre später arbeite ich mit Florian an dieser Erfahrung. Wir arbeiten heraus was Florian in seiner Kindheit –aus seiner heutigen Sicht- wirklich gebraucht hätte. Er formuliert es in einer bildhaften Umschreibung. „Ich hätte Raum gebraucht, um mich frei zu entfalten; Raum zum atmen. Raum mit festen, verlässlichen Grenzen links und rechts, oben und unten die mich schützen und mir wirkliche Sicherheit geben."

Von der Überbehütung ist die Verwöhnung zu unterscheiden, obwohl die Grenze zwischen den beiden Begriffen fließend ist. Textor definiert Verwöhnung wie folgt: „In anderen Fällen wird den Kindern jeder Wunsch erfüllt. Die Eltern versuchen, ihnen alle Versagungen zu ersparen, und unterfordern sie zumeist. Oft sehen sie auch in der exklusiven Kleidung, dem teuren Spielzeug und den kostspieligen Freizeitaktivitäten ihrer Kinder neue Statussymbole. Diese können unter solchen Umständen aber nicht das Bewusstsein entwickeln, dass derartige Güter erarbeitet werden müssen. Sie werden verweichlicht, sind wenig leistungsorientiert, können ihre Fähigkeiten und Kraft nicht erproben, haben keine Möglichkeit zur Selbstbewährung und entwickeln kaum Selbstvertrauen.“[114]
Häufig ist in der Einzelfallbetrachtung neben der Überbehütung auch der Tatbestand des Verwöhnens vorzufinden.

[114] ebenda Seite 75

6.2 Überbehütung als psychische Gewalt

Riemann prägte für die „überbesorgte Liebe“ depressiver Menschen, die in ihrer Folge den Partner (das Kind) geradezu ersticken den Begriff „weich vergewaltigen“.[115]

Nach Johann Galtung´s Gewaltbegriff spricht man von Gewalt, „wo immer Menschen an der Befriedigung ihrer historisch möglichen Grundbedürfnisse gehindert werden, (...)“.[116]

Und was ist es anderes, wenn ein Kind in seiner Entwicklung gehemmt und gestört wird?

Die österreichische Enquetkommission des Bundesministerium für soziale Sicherheit und Generationen definiert den Begriff der psychischen Gewalt am Kind unter anderem wie folgt :

„Psychische Gewalt ist ...

- (..)
- wenn Kinder klein gemacht, klein gehalten und abgewertet werden.
- wenn Kindern keine Grenzen gesetzt werden.
- wenn Gefühle der Hilflosigkeit und schutzlosen Preisgabe ausgelöst werden und es zu einer Erschütterung des Selbst- und Weltverständnisses des Kindes kommt.
- leise. Sie ist nicht laut. Sie ist nicht spektakulär, aber sie ist langhaltig, sie ist ausdauernd, und sie ist nachwirkend.
- (...)

---

[115] siehe Riemann, Fritz, a.a.O. Seite 71

[116] Galtung zitiert nach Kruse, Jens-Peter u.a., a.a.O. Seite 6

Psychische Gewalt ist weiter ...

- (...)
- nicht nur Vernachlässigung, es kann auch ein Übermaß an erstickender Liebe sein.
- viel schwieriger zu erkennen als körperliche Gewalt, da sie am Körper keine sichtbaren Narben hinterlässt.
- so schwer fassbar, da sie individuell erlebt wird und ihre Wirkung von außen oft nicht erkennbar und einschätzbar ist.
- subjektiv zu verstehen und zu betrachten; das subjektive Erleben des Kindes, sein emotionales, existenzielles Empfinden steht im Vordergrund.
- ein „unangenehmes" Thema, da dieses Phänomen schwer fassbar ist, sich nicht genau definieren lassen „will", sich wissenschaftlicher Analyse entzieht und uns zur Auseinandersetzung mit vielen Themen zwingt, auf die wir gar nicht so gerne hinschauen.

Psychische Gewalt ...

- wird durch alle Handlungen und Unterlassungen von Eltern und Bezugspersonen hervorgerufen, die Kinder ängstigen, überfordern, ihnen das Gefühl der eigenen Wertlosigkeit übermitteln und sie in ihrer psychischen und/oder körperlichen Entwicklung beeinträchtigen können.
- „passiert" oftmals eigentlich ohne böse Absicht.
- wird unterschiedlich aufgefasst; was dem einen noch Spaß macht, kann für den oder die andere schon Verletzung, Abwertung, Verwundung bedeuten.
- kann dadurch entstehen, dass die Eltern den Druck, dem sie in der Gesellschaft, Arbeit etc. ausgesetzt sind, an ihre Kinder weitergeben.
- kann auch durch gut gemeinte Hilfsangebote ausgeübt werden.

- entsteht und besteht dort, wo Kinder und Jugendliche einer Dynamik von „zu viel“ oder „zu wenig“ ausgesetzt sind und die existenziellen Bedürfnisse der Kinder keinen Platz haben.
- manifestiert sich dort, wo Kinder bei für sie schwierigen Erfahrungen/Erlebnissen keine Sprache bzw. keine Ausdrucksform finden können oder dürfen.
- tritt nicht nur alleine auf, sondern zumeist auch als „stille Schwester“ aller anderen Gewaltformen.“[117]

---

[117] Bundesministerium für soziale Sicherheit und Generationen, a.a.O., Vorwort

6.3 Mögliche Ursachen für einen überbehütenden Erziehungsstil

Die Ursachen für „Überbehütung“ sind mannigfaltig. Sie können zum einen in der Lebenssituation des Kindes selbst, zum anderen in der Bezugsperson ihre Ursache finden.

Die Gefahr ist groß, das Kinder mit lebensbedrohlichen Erkrankungen, Behinderungen, Trennungskinder aber auch viktimisierte Kinder in der Folge eine größere Aufmerksamkeit, Nähe und Schutz durch die Bezugsperson erhalten, da sie diese –übergangsweise, situationsbedingt- auch brauchten. Hier liegt die Ursache in der besonderen Lebenssituation des Kindes begründet.

Anders verhält es sich wenn eine solche Situation nicht gegeben ist. Das Eltern ihre Kinder bewusst mit einem „zuviel“ an Liebe schädigen wollen, dürfte wohl auszuschließen sein. Eltern handeln nicht bewusst verletzend in dem sie „überhüten“. Sie lieben ihre Kinder und glauben ihnen mit großer Wahrscheinlichkeit nur das Beste zu geben. Was also sind die Hintergründe für Überbehütung? Es sind die eigenen unbefriedigten Bedürfnisse der Eltern, die hier mit Hilfe ihrer Kinder Befriedigung finden sollen; und ihnen damit (und das ist das verhängnisvolle) unbewusst Schaden zufügen.[118]
Das Kind wird zum Ersatz für unbefriedigt gebliebene Erwartungen und Hoffnungen. Es kann sein, das eine Bezugsperson selbst überbehütet aufgewachsen ist, sich vom Elternhaus nicht ablösen konnte und nun das eigene Kind in die Rolle des Vaters oder der Mutter zwängt die das ungestillte Bedürfnis nach Liebe stillen soll.[119] Ähnlich verhält es sich, wenn ein Elternteil vernachlässigt aufgewachsen ist, und nun dem Kind das geben möchte, was ihm selbst in der Kindheit verwehrt geblieben ist. Andere sind unsicher und ängstlich, besitzen ein nur gering ausgeprägtes Selbstwertgefühl und

[118] siehe Janov, Arthur, Das befreite Kind, Frankfurt/M. 1974, Seite 204
[119] siehe Textor, Martin R. a.a.O. Seite 67

streben fortwährend nach Bestätigung von außen, - in diesem Fall durch das Kind – von der sie leicht abhängig werden können.[120] Auch hier zeigt sich das Fatale an dieser Situation. Sowohl Elternteil als auch Kind werden in diesem System in eine abhängige Position gedrängt aus der ein Ausweg nur schwer möglich ist.

Harrys Eltern gehören zu der Generation der Kriegskinder; also zu den Menschen, welche die Auswirkungen des 2ten Weltkrieges als Kind erlebten. Harrys Vater bekam die Bombennächte in Luftschutzkellern bewusst mit; Harrys Mutter verlor ihren Vater im Krieg. Aus diesem traumatisierten Erleben, bildeten sie die Glaubenssätze, nach der die Welt gefährlich ist. Insbesondere Harrys Mutter erlebte sich als Opfer, da sie ihren Vater verlor. In diese Weltsicht wird Harry hineingeboren. Er erlebt viel Ängstlichkeit, Unsicherheit und Misstrauen bei seinen Eltern, und übernimmt deren Glauben an die Welt. In seiner frühsten Kindheit wird er „vor allem“, was außerhalb der Familie liegt beschützt und mit Liebe überhäuft. Er entwickelt früh eine Opferhaltung aus der heraus, er möglicherweise selbst zum Opfer seiner Mitschüler wird.

Einzelkinder und Erstgeborene laufen sicherlich eher Gefahr ein „Zuviel“ an Aufmerksamkeit zu erhalten. Eine Überbehütung ist damit aber nicht a priori gegeben, dies hängt vielmehr entscheidend von den zuvor genannten Bedingungen ab.

Jan ist Drittgeborener und Nachzügler in der Familie. Seine beiden Brüder sind 8 bzw. 12 Jahre älter wie er. Als Jan 7 Jahre alt ist, trennen sich seine Eltern. In der Folgezeit wird Jan von seiner Mutter „fürsorglich bewacht“. Er wird zu ihrer Vertrauten, hört sich oft den Schmerz seiner Mutter um die Trennung von seinem Vater an. Jan ist sehr sensibel und kann sich aus der Umklammerung seiner Mutter nicht lösen. Noch mit 21 Jahren schläft er neben seiner Mutter im Bett, wenn diese sich einsam und verlassen fühlt.

[120] siehe ebenda

6.4 Folgen einer Überbehütung

Die Folgen einer Überbehütung können zahlreich sein und sich

- im körperlichen Bereich (u.a. Eß-, Atem und Schlafstörungen)
- im psychischen Bereich (u.a. Ängstlichkeit, Depression, Phobien, Entwicklungsstörungen, Nervosität und Suchtverhalten)
- im sozialen Bereich (u.a. Kontakt- und Bindungsprobleme, Sozialphobie, keine Ablösung vom Elternhaus, sexuell abweichendes Verhalten)
- im Arbeits- und Leistungsbereich (u.a. Lern- und Konzentrationsstörungen, Misserfolgsorientierung)

abzeichnen.[121]

Kai ist 34 Jahre alt. Ich begleite ihn in einem beruflichen Veränderungsprozess. Kai ist leicht ablenkbar und innerlich unruhig und schreckhaft. Da er dies in seiner beruflichen Situation selbst als Hindernis ansieht, arbeiten wir an seiner persönlichen Stabilisierung. Ich führe Kai in einer Achtsamkeitsmeditation durch seinen Körper. Von den Zehen bis zu den Haarspitzen soll die Reise gehen. Bei den Waden angelangt, springt Kai auf und läuft durch den Raum. Es ist ihm unmöglich sich in der Stille zu spüren, sich selbst achtsam wahrzunehmen. Kai erlebte in seiner Kindheit einen überbehüteten Erziehungsstil. Insbesondere seine Mutter überschüttete ihn mit ihrer „Liebe", band den Sohn mit ihrer Ängstlichkeit an sich.

Weiter fehlen, sowohl bei den Eltern als auch bei dem betroffenen Kind die Vorstellung und das Bewusstsein, das hier eine Gewalthandlung stattfindet.

---

[121] siehe Textor, Martin R., Familien mit verhaltsauffälligen Kindern und Jugendlichen, (keine weiteren Angaben bekannt – aus dem Internet) Seite 1

Das Kind spürt die körperlichen und psychischen Symptome. Schützt sich unbewusst vor zuviel Nähe und Liebe. Die Eltern nehmen auch nur die Symptome wahr, ohne den Zusammenhang zu erkennen. Das Kind fühlt sich durch das „Mehr" an Nähe und Wärme welches es erhält von seinen Eltern abhängig, schuldig und in einer Loyalität zu ihnen gefangen.

Aufgrund ihrer Überbehütung sind die Kinder in der Regel vorsichtig, empfindsam, passiv, untergeordnet, scheu, ängstlich, unsicher, besorgt, haben ein negatives Bild von sich selbst und können sich in der Regel nicht selbst adäquat wehren. All dies lässt sie zum prädestinierten Bullying-Opfer werden, womit wir zum Ausgangspunkt unserer Betrachtung zurückgekehrt sind. Hier erlebt nun das Kind eine andere Form von Gewalt; etwas wo tatsächlich Schutz –auch von Seiten der Eltern- angebracht wäre. Das betroffene Kind spürt aber unbewusst, dass Hilfe von Seiten der Eltern nicht zu erwarten ist. Zum einen passen Bullying-Folgen nicht in das Bedürfnisbefriedigungsmuster der Eltern. Das Kind spürt dies, will die Eltern nicht verletzen und schweigt (siehe auch das Beispiel von Harry). Zum anderen fürchtet das Kind nun noch mehr durch die Eltern behütet zu werden. Darüber hinaus zeigt die –auch meine persönliche- Erfahrung, das Interventionen durch die Eltern die Bullyingsituation in der Schule weiter verschärfen.

7. Resümee und Ausblick

7.1 Zusammenfassung

Die vorliegende Arbeit setzte sich mit dem Gewaltbegriff und dessen Unterformen auseinander. Es wurde aufgezeigt in welcher Art Gewalt (Bullying) an Schulen vorzufinden ist. Die Häufigkeit der Gewalthandlungen, die Opfer- und Tätermerkmale wurden betrachtet. Es zeigte sich, dass Jungen häufiger und intensiver Opfer von Bullying werden. Die wiedergegebenen Untersuchungen belegen, dass jedes 10te bis 5 te Kind von den gewalttätigen Handlungen seiner Mitschüler betroffen ist. Hieraus ableitend darf behauptet werden, dass 10% - 20% aller Menschen von dem Thema „Schulgewalt" aktiv betroffen sind.

Weiter wurde dargestellt welche, auch langfristigen, Folgen Bullying hervorrufen kann. Es sind nicht die Schläge, die körperlichen Schmerzen, welche die Langzeitwirkungen hervorrufen, sondern die einschränkenden Glaubenssätze, welche in dieser Situation gebildet werden.

In der Betrachtung wurde erkennbar, dass häufig Kinder aus einem überhüteten Elternhaus Opfer von schulischer Gewalt werden.

In einem gesonderten Kapitel wurde versucht, sich dem Phänomen „Überbehütung" anzunähern. Das Erleben der betroffenen Kinder und die möglichen Hintergründe des Elternhauses wurden skizziert. Es konnte manifestiert werden, dass Überbehütung als eine Form von Gewalt am Kind zu werten ist.

Die Folgen dieser „doppelten" Gewalt denen sich die betroffenen Kinder ausgesetzt sehen sind bisher noch nicht weiter untersucht worden; sie standen bisher noch nicht im Mittelpunkt wissenschaftlichen Interesses. Es ist

jedoch erkennbar, dass die psychischen Folgen die Betroffenen eine lange Zeit, wenn nicht ein Leben lang begleiten.
Sie leben zeitweise in einer Welt von doppelter Gewalt. Zum einen in der Schule wo sie sich dem ständigen Stress möglicher physischer und psychischer Attacken ausgesetzt sehen. Zum anderen in der scheinbar heilen Welt des Elternhauses, wo sie in einem Meer an Nähe und Liebe schier ertränkt / erdrückt werden, jedoch letztendlich vor der Gewalt aus der Schule keine Hilfe finden. Diese Zerrissenheit zwischen den beiden Erlebniswelten dauert über einen Zeitraum von mehreren Jahren an und hinterlässt erhebliche Spuren in der Psyche des heranwachsenden Menschen.

An Fallbeispielen wurde das individuelle Erleben einiger Personen dargestellt. Hierbei handelt es sich um Schicksale von Menschen, denen ich in meiner Arbeit begegnet bin. Allen Personen ist gemein, dass sie meine Dienstleistungen nicht wegen des Themas „Schulgewalt“ in Anspruch nahmen. Es waren berufliche, unternehmerische oder andere Themen und Prozesse, um deren Begleitung sie baten. Teilweise wurden diese Schulerfahrungen ausgeblendet („das ist doch schon so lange her“), wenn diese in irgendeinem Zusammenhang Thema wurden; andere Klienten sprachen in einer emotional distanzierten Art hierüber, so als wäre hiervon eine andere Person betroffen. Fast alle hatten bereits eine, oder mehrere Therapien absolviert.

Auch fanden sich bei einigen die beschriebenen Langzeitfolgen des Bullying wieder. Bindungsprobleme, Herz-, Kreislauferkrankungen, Depressionen, innere Unruhe, Erschrecken, Suchterkrankungen wurden von den Personen selbst benannt. Auch fiel es vielen schwer, sich selbst abzugrenzen, bzw. Grenzen wahrzunehmen.

Ute bricht die Schule ab, nachdem ihre Eltern sich trennten. Sie wird Drogenabhängig und gerät in die Beschaffungskriminalität. Nach zwei Haftstrafen versucht sie sich heute, im Alter von 38 Jahren, ein normales Leben aufzubauen. Sie fühlt sich „wurzellos", hat Probleme eine feste Bindung einzugehen. Immer wenn ein Mann mit ihr zusammenziehen will, wird ihr dies zu eng, nimmt ihr dies die Luft. Sie provoziert Streit, schlägt zu, und ist anschließend am Boden zerstört, wenn sie daraufhin von dem Mann verlassen wird. Auch beruflich fällt es ihr schwer, sich in einem Arbeitsteam zu integrieren.

Harry will gemäß seinem Glaubenssatz „die Welt ist ungerecht" für Gerechtigkeit sorgen. Er studiert Jura, wird ein erfolgreicher Rechtsanwalt in eigener Kanzlei. Doch die Folgen seines Schulerlebens holen ihn immer wieder ein. Er fühlt sich wie eine Maus in einem Land von Katzen: getrieben, verfolgt, persönlich angegriffen, innerlich klein und hilflos, während er im Außen den erfolgreichen Verteidiger spielt. Er absolviert mehrere Therapien, doch der hohe Blutdruck und sein Stresserleben bleibt. Im Alter von 48 Jahren gibt er seine Kanzlei auf, arbeitet heute, im Alter von 50 Jahren, freiberuflich als juristischer Berater für einen medizinischen Verlag.

Bernd ist heute 56 Jahre alt und Gesellschafter-Geschäftsführer einer mittelgroßen GmbH. Er ist beruflich äußerst erfolgreich, verheiratet und hat zwei erwachsene Kinder. Sein Glaubenssatz aus der Kindheit „Ich werde es allen zeigen", ist für ihn zum Motor geworden. Bernds Unternehmen hätte große Chancen am internationalen Markt Fuß zu fassen, doch vermeidet dieser außerhalb des deutschsprachigen Raums tätig zu werden. Er glaubt, wegen seiner schlechten Englischkenntnisse international nicht erfolgreich sein zu können; delegieren möchte er diese Aufgabe nicht.

Rolf verfolgt seit Jahren immer wieder der gleiche Traum. Er fährt mit einem Auto. Plötzlich lässt sich dieses nicht mehr lenken, oder die Bremsen versagen; ein Unfall ist in beiden Fällen unvermeidbar. Bevor dies geschieht, wird Rolf erschrocken wach. In diesem Traum zeichnet sich die Befürchtung von Rolf ab, die Kontrolle über sein Leben zu verlieren. Auch im realen Leben ist Rolf sehr kontrolliert und strukturiert. Er ist sehr starr in seinen Vorstellungen und seinem Weltbild. Rolf fällt es schwer für sich zu sorgen. Sein Tun und Handeln ist auf sein Umfeld ausgelegt, dort sorgt und kümmert er sich. Rolf hat Probleme die richtige Partnerin zu finden. Immer wieder begegnet ihm der gleiche Typ Frau. Die erste Beziehung, aus der ein Kind hervorging, scheiterte weil seine Frau ihn verließ Sie leidet unter einer Borderline-Persönlichkeitsstörung und hat sich während ihres Aufenthalts in einer psychiatrischen Klink in einen Mitpatienten verliebt. Die beiden Partnerinnen welche Rolf nach seiner Ehe hatte, waren Opfer von sexueller und körperlicher Gewalt. Rolf fühlt sich in seiner gegenwärtigen Partnerschaft nicht wohl. Er empfindet diese als ein Gefängnis aus dem er nicht entkommen kann.

7.2 Ausblick – Wege aus der Opferrolle

Wie bereits im Vorwort erwähnt wurde, zähle ich mich selbst zu den Betroffenen des Themas Schulgewalt. Aus eigener Erfahrung kann ich sagen, dass mein persönliches Erleben dem Beschriebenen vergleichbar ist und die Auswirkungen mich zum Teil noch heute begleiten.

Aus meiner Sicht sind zur Bewältigung der Langzeitfolgen der erlebten Schulgewalt folgende Schritte notwendig:

1. Auflösen der Opferrolle
2. Grenzen erkennen und setzen
3. Persönliche Stabilisierung
4. Objektive Veränderung von belastenden Situationen

Ganz gleich ob die Ereignisse, gerade erst erlebt wurden, oder bereits Jahre oder gar Jahrzehnte zurück liegen, an erster Stelle steht das „reden“. Sprechen sie über das was ihnen widerfahren ist. Suchen sie sich Menschen, denen sie sich anvertrauen können; beziehen sie ihre Partnerin, ihren Partner, ihre Kinder und Eltern mit ein. Mit dem „reden“ wagen sie den ersten und wichtigsten Schritt aus der Opferrolle (Opferhaltung) heraus. In der Auseinandersetzung mit dem Thema, werden ihnen unter Umständen auch Dinge bewusst, in denen sie durch ihr Verhalten selbst zur Eskalation beigetragen, bzw. die Situation verschlimmert haben. Dieses Erkennen ist gut und gehört zum Ausstieg aus der Opferrolle hinzu. Wir alle verfügen immer und ständig über unzählige Optionen für unser Handeln. Warum und weshalb wir uns für die eine oder andere Möglichkeit entscheiden, hängt maßgeblich von unserem bisherigem Erleben, unseren Werten, Normen und Glaubenssätzen ab. Es ist klar, dass die Lebenserfahrung eines Kindes nicht der eines Erwachsenen entspricht. Verzeihen sie sich also selbst, falls sie aus heutiger Sicht Fehler gemacht haben. Ein klares „Ja, das habe ich so entschieden“ ist ein weiterer Schritt aus der Opferhaltung heraus. Werden sie wieder Herr / Frau ihres eigenen Lebens. Hierzu gehört auch, sich ganz bewusst Hilfe bei Ärzten und Therapeuten zu holen, wenn sie sich mit der Auseinandersetzung mit diesem Thema überfordert fühlen, sie die körperlichen Symptome der Schulgewalt überprüfen lassen wollen.

In der Folge ist es für die Betroffenen wichtig, zu erfahren wo ihre eigenen Grenzen sind. In den Gewaltsituationen werden Grenzen nicht geachtet. Das

Kind wird geschlagen, gehänselt, verspottet selbst wenn –oder gerade weil- erkennbar ist, das hier eine persönliches Stoppsignal überschritten wird. In der Folge fällt es den Betroffenen schwer, Schranken zu setzen. Das Empfinden nach einer „gesunden" Grenzziehung hat sich verschoben. Die Betroffenen sind bereit viel zu ertragen, und ertragen viel.
Mit Körper- und Achtsamkeitsübungen kann erreicht werden, dass sich die Betroffenen ihres Selbst wieder mehr gewahr werden. „Aha, das geschieht gerade mit mir", „Aha, so fühlt sich das an". Durch ständiges Üben und Wiederholen bekommt die betroffene Person wieder eine Vorstellung davon, wo die eigenen Grenzen liegen. Mit Hilfe von kommunikativen Techniken wird dann geübt, diese Grenzen auch nach außen hin durchzusetzen und zu wahren. Ein klares Nein, fällt einem Gewaltopfer besonders schwer, folgte in der Vergangenheit hierauf in der Regel eine „Strafaktion", das heißt eine Verschlechterung der Situation.

Mit der Fähigkeit sich zu seiner Lebensgeschichte zu bekennen, sich seiner Grenzen bewusst zu sein und diese nach Außen hin zu vertreten, ist bereits ein wesentlicher Schritt zur persönlichen Stabilisierung erreicht. Das erlernen von Meditationstechniken, oder anderen entspannenden Verfahren, wie zum Beispiel der „Arbeit mit der inneren Form", welche auf einer neurobiologischen Ebene wirkt, können diesen Prozess weiter verstärken. Ein Aufenthalt in einer psychosomatischen Klinik oder „begleitete Auszeiten", sind individuelle Variationen dieses Prozesses.

In der Folge ergibt sich dann ganz bewusst, oder „beinahe wie von selbst" eine objektive Veränderung belastender Situationen. Beziehungen werden geklärt, berufliche Situationen hinterfragt, überprüft und verändert. Dieser Wandlungs- und Klärungsprozess ist keine Kapitulation, oder ein Weglaufen vor den als belastend erlebten Dingen, Personen und Situationen, sondern eine klare, aus Eigenverantwortung heraus entstandene Veränderung hin zu einem erfüllten Leben (siehe auch Beispiel Harry – weiter oben).

Ich bin es mir wert! – reden hilft!

Auf dem Weg - über den Autor

Dr. Hans Jürgen Groß - Geboren in den Vorweihnachtstagen des Jahres 1958 erlebte er die ersten Jahre seines Lebens wohlbehütet im Kreis seiner Familie. Die Schule, und hier besonders seine Mitschüler, zeigten ihm die andere Seite des Lebens. Nach bestandenem Abitur und einer Berufsausbildung studierte er an der Universität Kassel "Wirtschafts- und Sozialwissenschaften". Nach dem Studium begann er seine berufliche Tätigkeit als Steuerberatungsassistent, -promovierte nebenbei- und wurde im Jahr 1993 zum Steuerberater bestellt. Es waren die Beratungsgespräche, die diesen Beruf so attraktiv für ihn machten. Doch schon bald bemerkte er, dass die Gespräche weit über das Thema Steuern und betriebswirtschaftliche Beratung hinausgingen. Er wurde Vertrauter, Ratgeber und Begleiter in allen wirtschaftlichen und privaten Angelegenheiten seiner Mandanten.

Er folgte dem Ruf, den das Leben ihm bot und absolvierte diverse Aus- und Weiterbildungen, um dieser Aufgabe gerecht zu werden. So konnte er die Ausbildung zum "geprüften psychologischen Berater"; zum Mediator sowie diverse Aus- und Weiterbildungen im Bereich Coaching mit Erfolg abschließen. Er ist Mitglied der Ausbildungskammer und Geschäftsstellenleiter des Deutschen NLP-Coaching Verbandes, leitet Seminare, Workshops und Vorträge und ist als Autor und Fachgutachter für Mediation tätig. Er bietet seine Dienstleistungen als psychologischer Berater, Unternehmens- und Existenzgründungsberater, Mastercoach und Mediator in eigener Praxis und in den von ihm „begleiteten Auszeiten“ an. Er ist Mitbegründer und Leiter einer Männergesprächsgruppe welche sich seit dem Jahr 1990 regelmäßig trifft. Ferner ist er Mitbegründer des im Jahr 2011 ins Leben gerufenen Netzwerkes Comitamur (Comitamur begleitet Wandel).

Dank

Bei der Arbeit zu dieser Arbeit haben mir viele Menschen geholfen. Dafür bedanke ich mich von Herzen. Ganz besonderer Dank gilt den Frauen und Männern deren Lebensgeschichte Teil dieses Buches wurde. Sie ermöglichten es mir, über den eigenen Erfahrungshorizont hinauszublicken und das Thema in seiner Komplexität verstehen zu lernen. Besonderer Dank gilt auch allen, die mir bei der Realisierung dieses Buches aktiv, durch Korrekturlesen, feed-back und dergleichen hilfreich zur Seite standen. Dank auch an alle Menschen die mich auf meinem bisherigen Lebensweg begleiteten, der mich an diesen Ort führte.

Hans Jürgen Groß März 2012

Wer mir schreiben möchte:

kontakt@weg-wandlungsbegleitung.de

Literaturverzeichnis :

Albrecht, Silke	Schüler als Täter und Opfer von Mobbing in der Schule; Referat FH Braunschweig; WS 2000
Asendorpf, J.B.	Psychologie der Persönlichkeit; Berlin, Heidelberg 1996
Bundesministerium für soziale Sicherheit und Generationen	Psychische Gewalt am Kind; 1. Auflage, Wien 2000
DUDEN	Die sinn- und sachverwandten Wörter; 2. Auflage, Mannheim 1986
GEW-Hauptvorstand	Cyper-Mobbing; Frankfurt/M. 2008
Gruber, Elke	Bullying als sozialer Stressor; Seminararbeit WS 2000/2001
Heimgärtner, Isabell	Gewalt in der Schule; Seminararbeit; SS 2002
Hurrelmann, Klaus / Rixius, Norbert / Schirp, Heinz	Gewalt in der Schule; 2. Auflage; Weinheim, Basel 1996
Jäger, Thomas	Gewalt bei Kindern und Jugendlichen; aus dem Internet; Homepage Diadem; keine weiteren Angaben möglich
Janov, Arthur	Das befreite Kind; Frankfurt / M. 1974
Kasten, Hartmut	Einzelkinder; Berlin, Heidelberg 1995
Klahre A.S.	Wie kommt es zur sozialen Phobie?; aus Internet 15.11.2000
Kruse, Jens-Peter / Rosowski, Martin	Gewalt hat viele Gesichter; in „ Zur Hoffnung berufen" Kassel 2001 Seite 5 f
Mayer, Karl C.	Verwöhnung ist in mancher Hinsicht genauso gefährlich wie Misshandlung und Vernachlässigung; aus Internet 2001

Medienpädagogischer Forschungsverband Südwest	JIM 2011; Stuttgart Nov. 2011
Missildine, W.Hugh	In dir lebt das Kind das du warst; 14. Auflage, Stuttgart 2000
Neuberger,Oswald	Mobbing: Übel mitspielen in Organisationen; 1999
Olweus, Dan	Gewalt in der Schule;;2. Auflage; Bern, Göttingen, Toraonto, Seattle 1996
Pfeifer, Tobias	Gewaltverständnis und gewalttätiges Handeln Jugendlicher und die Auswirkungen auf die Hauptschule; Hausarbeit; Pädagogische Hochschule Heidelberg 1999
Renges, Annemarie	Mobbing in der Schule; www.familienhandbuch.de
Riemann, Fritz	Grundformen der Angst; München, Basel 1998
Schäfer, Mechthild	Aggressionen unter Schülern; in Politische Schriften der Hans-Seidl-Stiftung, München 1997 Seite 41 – 56
Schäfer, Mechthild	Gruppenzwang als Ursache für Bullying?; aus dem Internet; weitere Angaben nicht möglich
Schäfer, Mechthild / Vogl, Sandra	Aggression unter Schülern; aus dem Internet; weitere Angaben nicht möglich
Schulpsychologischer Dienst	Mobbing in der Schule, aus dem Internet; weitere Angaben nicht möglich
Schuster, Beate	Soziale Ausgrenzung und Schikane in der Schule und am Arbeitsplatz; München 2002
Textor, Martin R.	Kindheit in der Familie; in Aus Politik und Zeitgeschichte, 1990 Seite 14-20
Textor, Martin R.	Ehe- und Familienprobleme; aus Internet, keine weiteren Angaben möglich

Textor, Martin R. Familien mit verhaltensauffälligen Kindern und Jugendlichen; aus Internet, keine weiteren Angaben möglich

Textor, Martin R. Schulische Lern- und Verhaltensstörung; aus Zeitschrift für Pädagogische Psychologie, 1989 Seite 229 – 237

Universität Hohenheim Presseinformation zur Studie, Cyper-Mobbing an Schulen; Hohenheim 10.04.2011

Zindel, Manfred pbreport e.K.; Kinder und Jugendliche aus der Sicht ihres Erlebens

Zimbardo, Philip G. Psychologie; 6. Auflage; Berlin, Heidelberg 1995

Notizen:

Notizen:

Printed by Books on Demand GmbH, Norderstedt / Germany